NEGRO SOU, NEGRO SEREI

AIMÉ CÉSAIRE

NEGRO SOU, NEGRO SEREI

CONVERSAS COM
FRANÇOISE VERGÈS

TRADUÇÃO LEO GONÇALVES

BAZAR DO TEMPO

© Éditions Albin Michel, S.A., 2005
© desta edição, Bazar do Tempo, 2024

Título original: *Nègre je suis, nègre je resterai. Entretiens Avec Françoise Vergès*

Todos os direitos reservados e protegidos pela Lei n. 9610, de 12.2.1998.
Proibida a reprodução total ou parcial sem a expressa anuência da editora.

Este livro foi revisado segundo o Acordo Ortográfico da Língua Portuguesa de 1990, em vigor no Brasil desde 2009.

Edição
Ana Cecilia Impellizieri Martins
Coordenação editorial
Joice Nunes
Tradução
Leo Gonçalves
Revisão técnica
Larissa Esperança
Copidesque
Marina Montrezol

Revisão
Iuri Pavan
Projeto gráfico e capa
LeTrastevere
Arte de capa
Ilustração de LeTrastevere
a partir da foto de Lipnitzki
Diagramação
Anderson Junqueira

CIP-BRASIL. CATALOGAÇÃO NA PUBLICAÇÃO
SINDICATO NACIONAL DOS EDITORES DE LIVROS, RJ

C413n

Césaire, Aimé, 1913-2008
   Negro sou, negro serei : conversas com Fraçoise Vergès / Aimé Césaire, Françoise Vergès ; tradução Leo Gonçalves. - 1. ed. - Rio de Janeiro : Bazar do Tempo, 2024.
   144 p. ; 19 cm.

   Tradução de: Nègre je suis, nègre je resterai : entretiens avec Françoise Vergès
   ISBN 978-65-84515-93-2

   1. Césaire, Aimé, 1913-2008 - Entrevistas. 2. Negros - Identidade racial. 3. Negros - Condições sociais. 4. Pós-colonialismo. I. Vergès, Françoise. II. Gonçalves, Leo. III. Título.

24-89241
   CDD: 305.896
   CDU: 316.347(6)

Meri Gleice Rodrigues de Souza - Bibliotecária - CRB-7/6439
08/04/2024 11/04/2024

Rua General Dionísio, 53 - Humaitá
22271-050 Rio de Janeiro - RJ
contato@bazardotempo.com.br
www.bazardotempo.com.br

SUMÁRIO

INTRODUÇÃO 7
Françoise Vergès

CONVERSAS 26

POSFÁCIO
Por uma leitura pós-colonial
de Césaire **105**
Françoise Vergès

INTRODUÇÃO

Em julho de 2004, eu fui ao encontro de Aimé Césaire em Fort-de-France, na Martinica. Tinha-lhe escrito para pedir que me concedesse entrevistas, e ele havia concordado, propondo mesmo realizá-las o mais rápido possível. Césaire me recebeu em seu escritório no antigo prédio da prefeitura que dirigiu durante 56 anos. Esse homem que eu encontrava pela primeira vez foi extremamente cortês, ao mesmo tempo atento e distante, tímido e familiar, interessado e hesitante. Entreguei-lhe alguns livros; sua atenção se dirigiu de imediato para duas edições recentes de clássicos gregos e latinos. Era um leitor voraz de textos clássicos, principalmente de tragédias gregas, e continuava assim. Por outro lado, os livros de história da arte não lhe interessaram muito. Rapidamente me pediu para especificar meus objetivos e se mostrou cético quanto ao interesse que entrevistas com ele poderiam despertar. Recusava-se a acreditar que seus textos ainda tivessem um eco e ficou muito surpreso em saber que meus alunos da Universidade de Londres os estudavam e os citavam, em particular o *Discurso sobre o colonialismo*[1] e o *Diário de um retorno ao país natal.*[2] Contei-lhe o quanto seus textos eram comentados nos Estados Unidos e que, na ocasião de um colóquio na Universidade de Nova York, ouvi especialistas vindos do Japão, da Alemanha e das Antilhas inglesas debaterem suas obras. Isso o fez sorrir. Eu insistia; ele era conhecido, admirado, estimado mundo afora. Suas opiniões, seus pontos de vista eram importantes. Claro, seu lugar na França era menos garantido, mas isso o surpreendia? "Não", ele me disse, o que não significava que achasse necessário preencher essa falta. As honras, o reconhecimento, a glória não significavam muito para Césaire, que parecia até mesmo desprezar essas coisas. Ele havia optado por viver na Martinica, rejeitando várias ofertas talvez até mais gratificantes. Gostava de ficar na sua ilha, como me repetiu muitas vezes. Entretanto, nem sempre foi tão carinhoso com as Antilhas francesas: "evocar as

---

1 Aimé Césaire, *Discours sur le colonialisme, suivi de: discours sur la négritude*, Paris: Présence Africaine, 2000. [Ed. bras.: *Discurso sobre o colonialismo*, trad. Claudio Willer, São Paulo: Veneta, 2020.]

2 A. Césaire, *Cahier d'un retour au pays natal*, Paris: Présence Africaine, 1983. [Ed. bras.: *Diário de um retorno ao país natal*, trad. Lilian Pestre de Almeida, São Paulo: Edusp, 2012.]

Antilhas do ponto de vista histórico, minha vontade de acabar com as Antilhas, quero dizer, à margem da história, o beco sem saída inominável da fome, da miséria e da opressão."[3] Suas palavras exprimiam, ao mesmo tempo, a rejeição do romantismo em relação a essas ilhas tropicais – em seu parágrafo famoso no começo do *Diário de um retorno ao país natal*,[4] diz: "as Antilhas que têm fome, as Antilhas cobertas de varíola, as Antilhas dinamitadas de álcool, encalhadas na lama desta baía, na poeira desta cidade sinistramente encalhadas"[5] – e um profundo apego pela Martinica, "lugar geométrico do amor e da moral."[6] Ele tinha "simpatia" pelo povo martinicano; sem essa "motivação afetiva", não teria tido nenhuma razão para se interessar mais pelo "destino do cortador de cana do que por aquele dos estivado-

---

3 A. Césaire apud D. Guérin, *Les Antilles décolonisées* [As Antilhas decolonizadas], Paris: Présence Africaine, 1956, p. 8.

4 A. Césaire, *Discours sur le colonialisme*, 2000. [Ed. bras.: *Discurso sobre o colonialismo*, 2020.]

5 A. Césaire, op. cit.

6 A frase é de Michel Leiris, antropólogo autor de *África fantasma* (Cosac & Naif, 2007). O trecho citado é do livro *Journal (1922-1989)*, Paris: Gallimard, 1992: "Toda a minha atividade permanece ligada às Antilhas e, mais especialmente, à Martinica, espécie de lugar geométrico do amor e da moral: prestar um serviço útil à população para a qual tenho simpatia. Salvo essa motivação afetiva, não tenho nenhuma razão para me interessar pelo destino dos cortadores de cana mais do que, por exemplo, pelo dos estivadores de Rouen." Provavelmente, um dos motivos dessa citação (além da referência afetiva à Martinica) vem da conhecida amizade entre o antropólogo e Aimé Césaire (N.A.).

res de Rouen". Partilhava, como dizia, da angústia insular: "Eu não era um homem tranquilo [...]. Eu tinha a angústia antilhana."[7] Uma angústia sintomática do "mal-estar de um povo que tem o sentimento de não ser mais responsável pelo seu futuro e que não passa de um comparsa em um drama do qual deveria ser o protagonista."[8] O que ele me disse nos seguintes termos: "Minha cara amiga, não é fácil ser antilhano, também não deve ser fácil ser reunionense, mas é assim, e precisamos assumir isso com coragem, com dignidade e, se preciso, com orgulho."

Eu o encontrava todas as manhãs, depois voltava para meu hotel, situado na parte alta da cidade. Fort-de--France é uma capital bem "crioula", se comparada com Saint-Denis, capital da ilha da Reunião, menos "periferia sob os trópicos", tendo conservado um caráter insular. A cidade parava ao meio-dia, e as ruas se esvaziavam. Na grande praça da Savana, que se estende diante do cais,

---

7 "Paroles de Césaire. Entretien avec K. Konaré et A. Kwaté, mars 2003" [Palavras de Césaire. Entrevista com K. Konaré e A. Kwaté, março de 2003], in *Césaire et nous: une rencontre entre l'Afrique et les Amériques au XIXe siècle* [Césaire e nós: um encontro entre a África e as Américas no século XIX], Bamako: Cauris Éditions, 2004, p. 11.

8 A. Césaire, "Pour la transformation de la Martinique en région dans le cadre d'une Union Française Fédérée" [Pela transformação da Martinica em região no âmbito da União Francesa Federada] discurso proferido no congresso constitutivo do Partido Progressista Martinicano, em 22 de março de 1958 (arquivos do autor).

a gente cruza com a estátua de Josefina de Beauharnais[9] decapitada e coberta de tinta vermelha. Ela permaneceu na memória popular como aquela que havia levado Napoleão a restabelecer a escravidão em 1802. Ninguém tentava mais recolocar sua cabeça, pois toda vez era retirada na noite seguinte. Na rua da Liberté, que margeia a praça a oeste, encontram-se o prédio poeirento da Biblioteca Schœlcher, o museu de arqueologia pré--colombiana e de pré-história da Martinica e o pavilhão Bougenot, de arquitetura colonial. Césaire tem muito orgulho de sua cidade, sobretudo dos bairros que modernizou, levando água, esgoto e eletricidade.

Toda quinta-feira à tarde, seu motorista o leva para uma grande volta pelas montanhas e pelo litoral. Ele me convidou para acompanhá-lo. Veio me buscar, trazendo um livro sobre a flora da ilha, a fim de me explicar os nomes das plantas e das flores, e um livro de filosofia, pois eu lhe havia pedido para me falar dos autores que o influenciaram na juventude. Mandou parar várias vezes o carro para que eu pudesse admirar uma

---

9 Josefina de Beauharnais (1763-1814) foi a primeira esposa de Napoleão Bonaparte e a primeira imperatriz dos franceses. Nascida na Martinica, casou-se com Alexandre de Beauharnais em 1779 e teve dois filhos. Após o divórcio em 1794, conheceu Napoleão, com quem se casou dois anos depois. Teve uma influência considerável na corte e na política francesas durante o período napoleônico. Faleceu em 1814, pouco antes da queda final do imperador. (N.E.)

paisagem, uma planta, uma árvore. Ele me contava o nome dos municípios, a ligação de seus políticos com seu partido, o Partido Progressista Martinicano (PPM). Fomos até os mirantes do monte Pelée, encobertos por névoa. Disse-me que amava muito aquele lugar. As pessoas o reconheciam e o saudavam com respeito, mas mantinham distância. Césaire não passava a ideia de que era possível ter relações de familiaridade com ele. De uma elegância pitoresca, usava terno e gravata no dia a dia – era o tipo de pessoa que jamais vamos surpreender vestindo camiseta e bermuda. Descemos de volta rumo à cidade de Saint-Pierre, à qual ele me levou para visitar. A data do 8 de maio de 1902 ficou marcada para sempre: naquele dia, Saint-Pierre foi destruída em alguns minutos por uma erupção do vulcão do Pelée. Os historiadores falam em 28 mil mortos, carbonizados, sufocados, queimados vivos, uma cidade coberta de cinzas, um mar em chamas onde se afogavam os que se lançavam para escapar das lavas, um calor e um fedor horrível nos dias seguintes, e por toda a parte, nas ruas e no porto, cadáveres e prédios em ruínas. Essa cidade, apelidada de "Paris do Caribe" devido aos teatros, à vida cultural e social, tornou-se em pouco tempo uma cidade-fantasma. A catástrofe a fez perder para sempre o brilho, levando-a a ceder seu papel de capital para Fort-de-France. Hoje em dia, é um pequeno burgo.

Césaire me mostrou o que restava do teatro, depois pediu ao motorista para pegar a estrada de Fonds-Saint--Denis. De repente, fez sinal para que parasse em uma curva onde uma magnífica sumaúma estendia seus galhos. A erupção de 1902 havia calcinado seu tronco, e deram-na como perdida. Entretanto, cinquenta anos depois, apareceram brotos, e desde então não parou de se desenvolver. Césaire vinha com frequência admirar essa árvore de mais de um século de idade: ela não somente tinha sobrevivido a uma catástrofe, mas também exemplificava, por sua renovação, o desdém da natureza pelas catástrofes. Césaire amava esses locais, aos quais ia para sonhar, escrever fragmentos de poemas. Sonhar principalmente.

Conversávamos toda manhã entre nove horas e meio-dia. Ele se cansava rápido, o cansaço da idade após uma longa vida. Havia dito e escrito tantas coisas, então, por que se explicar ainda, e por que se justificar, por que discutir e argumentar? "Minha poesia fala por mim", repetia. Mas eu queria falar de sua ação, do que era menos "visível" e evocado menos vezes: sua análise da Colônia e da República. Muito surpreso com esse interesse, entrou no jogo e me interrogou longamente. Comentei que sempre ia à África, que conhecia muito bem a África do Sul, e ele me pediu para lhe contar de lá. Nossas entrevistas foram desconexas, às vezes desconcertantes. Passados alguns dias, foi preciso partir: Césaire havia dito o que tinha para me dizer.

Eu precisava fazer essas entrevistas com ele. Primeiro, queria lembrar o papel, a meus olhos muitas vezes esquecido, que ele tivera junto a essa geração de mulheres e homens engajados no desmantelamento dos impérios coloniais. Era também uma pessoa de quem eu ouvira falar durante toda a minha infância. Conhecera meu avô Raymond Vergès:[10] juntos, haviam trabalhado para transformar em departamentos franceses as colônias da Martinica, de Guadalupe, da Reunião e da Guiana. O nome de Césaire sempre aparecia nas conversas familiares e políticas por causa de seu trabalho como deputado da Martinica e como dirigente do PPM. Ele era próximo dos políticos da Reunião, e o partido participava das iniciativas dos partidos de esquerda dos departamentos ultramarinos pela democratização da vida cultural, social e política nesses territórios. Eu conhecia bem dois de seus

---

10 Raymond Vergès (1882-1957), avô de Françoise Vergès, foi médico, engenheiro e importante político reunionense. Como deputado na ilha da Reunião, foi um dos responsáveis pelo projeto de lei que deu fim ao estatuto colonial dos territórios que mais tarde se tornaram departamentos ultramarinos. (N.E.)

textos, *Diário de um retorno ao país natal*[11] e *Discurso sobre o colonialismo*,[12] cuja leitura julgava indispensável para quem deseja conhecer os movimentos anticoloniais. Resumindo, era uma figura familiar que me inspirava grande estima e imenso respeito. Ora, quando falei para pessoas próximas sobre a ideia de entrevistar Césaire, foram vários os franceses que disseram não conhecer sua obra nem sua ação; ou então, achavam que estava morto. Não fiquei de fato muito surpresa. É um dos muitos sintomas do lugar do "ultramar" na opinião francesa: sociedades desconhecidas, cuja história e cultura são citadas na forma de fragmentos, disparates e aproximações. Eu pretendia conversar com ele, pois estava tocada pela contemporaneidade de muitas de suas observações, e tinha uma opinião inversa da geral que o contesta e que prefere ver essa contemporaneidade em Frantz Fanon, a Édouard Glissant ou a Patrick Chamoiseau.[13] Assim, sua

---

11 A. Césaire, *Cahier d'un retour au pays natal*, 1983. [Ed. bras.: *Diário de um retorno ao país natal*, 2012.]

12 A. Césaire, *Discours sur le colonialisme*, 2000. [Ed. bras.: *Discurso sobre o colonialismo*, 2020.]

13 Escritores martinicanos de expressão francesa conhecidos por suas notáveis contribuições em movimentos negros de seus tempos e nas reflexões sobre descolonização, pós e anticolonialismo. Frantz Fanon é autor do célebre *Pele negra, máscaras brancas* (trad. Sebastião Nascimento e Raquel Camargo, São Paulo: Ubu, 2020). Édouard Glissant é autor de uma extensa obra filosófica, poética e ficcional, cujo escrito mais conhecido é *El discurso antillano* [O discurso antilhano], de 1981. Seu livro *Poética da relação* foi publicado pela Bazar do Tempo; a ele se devem con-

abordagem da experiência "negra" me parecia mais próxima dos debates atuais sobre a "questão negra" do que, por exemplo, a de um Fanon. Em Césaire, ser negro remete a uma história transcontinental, e antes de tudo à África, que foi o manancial de uma diáspora que estourou mundo afora. Não é um algo a mais, mas algo diferente; a existência não se torna nem pior nem melhor que a dos outros; entretanto, esses outros são culpados de ignorar a história da escravidão, da deportação, da criação das plantações e do nascimento de sociedades novas cuja memória ainda guarda o calor desses acontecimentos.

Por fim, enquanto pela primeira vez na França a memória e a escrita da história do tráfico negreiro e da escravidão são objetos de um debate público, parecia importante reler os textos e os discursos de um homem saído de uma colônia escravagista, educado na escola pública francesa, mas em uma ilha que era ainda uma colônia, depois admitido na Escola Normal Superior, esse templo da elite francesa, e isso nos anos 1930. Em sua obra, tudo revelava a importância dessa história, des-

---

ceitos como o de "crioulização" e o de "opacidade". Patrick Chamoiseau, autor de ensaios e de obras de ficção, tornou-se conhecido desde seu primeiro romance, *Texaco* (1992) ganhador do Prêmio Goncourt do mesmo ano. O *Éloge de la créolité* [Elogio da crioulidade], que escreveu em parceria com Jean Bernabé e Raphaël Confiant, pode ser considerado um manifesto literário de sua geração. Seus trabalhos são testemunhos de seu interesse por culturas e línguas crioulas. (N.R.T.)

de seu ensaio sobre Toussaint Louverture, suas peças de teatro, seus discursos e até o lugar que o Haiti ocupava na sua escrita.[14] A voz de Césaire no debate sobre o tráfico e a escravidão oferece uma abordagem original, que sublinha ao mesmo tempo a brutalidade desumana desses dois fenômenos e seu caráter irreparável. Nisso está sua discordância quanto às demandas de reparação financeira, preocupado em ver reduzido ao aspecto monetário um acontecimento cujas consequências são tão múltiplas quanto injustificáveis. Seus textos sobre o colonialismo merecem ser relidos ao mesmo tempo que novas controvérsias historiográficas surgem em torno da promulgação da petição dos "Indígenas da República", da publicação de ensaios e da realização de documentários sobre as relações entre o passado colonial e o presente.

Reler Césaire à luz do presente proporciona aos debates atuais uma história, uma genealogia que lhes dão fundamento. Proponho uma leitura nem nostálgica nem idólatra de sua obra, mas uma leitura que restitua uma voz que,

---

14 A. Césaire, *Toussaint Louverture*, Paris: Présence Africaine, 1962 [Ed. bras.: Bazar do Tempo, no prelo]; *La tragédie du roi Christophe*, Paris: Présence Africaine, 1963 [Ed. bras.: "A tragédia do rei Christophe", in A. Césaire, *Textos escolhidos: A tragédia do rei Christophe, Discurso sobre o colonialismo, Discurso sobre a negritude*, trad. Sebastião Nascimento, Rio de Janeiro: Cobogó, 2022.]; *Victor Schœlcher et l'abolition de l'esclavage* [Victor Schœlcher e a abolição da escravidão], Lectoure: Editions le Capucin, 2004 (reedição de um livro de 1948, *Esclavage et colonisation* [Escravidão e colonização], Paris: PUF, 1948).

com todas as suas contradições, faz o testemunho de seu século, aquele no qual tiveram fim os impérios coloniais e os questionamentos relativos a esse fim: a igualdade, a interculturalidade, a escrita da história dos anônimos, dos desaparecidos do mundo não europeu. "Minha boca", ele escreveu, "será a boca dos infortúnios que não têm boca."[15,16]

O desenrolar das conversas mostra o quanto Césaire chegou a uma clareza de pensamento. "Eu disse tudo", e o repetiu muitas vezes, o que me deixou sem voz. E, no entanto, ainda se inflamava o bastante para, de repente, começar a ler longos trechos de seus poemas, de uma de suas peças, ou para responder a uma questão de maneira viva e precisa. Ele de fato tinha dito muito e era, antes de tudo, poeta. Seu espírito profundamente original e seu universo mental testemunhavam essa relação ao mesmo tempo sonhadora e enraizada em seus mundos: o mundo martinicano, o mundo negro; e, indo mais longe, testemunhavam essa relação com o "Homem", seus sonhos, crimes e medos. Ele exprimia a fadiga do homem que por tantas vezes se explicou e foi repetidamente mal interpretado. Eu podia entender esse cansaço. Ele me dizia preferir passear por sua ilha e en-

---

15 A. Césaire, *Cahier d'un retour au pays natal*, 1983, p. 22. [Ed. bras.: *Diário de um retorno ao país natal*, 2012.]

16 Aqui, as citações foram traduzidas diretamente das edições francesas. (N.E.)

contrar pessoas que não lhe pedissem explicações, mas era justamente isso que trazia felicidade às nossas conversas sobre o tempo, as plantas, a vida cotidiana. Esse homem tão famoso responde gentilmente a todas as solicitações e recebe, sempre com extrema cortesia, estudantes, artistas, políticos, jornalistas e até turistas que visitam a Martinica para saudá-lo. Mas não se esquece jamais de inquirir sobre todas as pessoas que desejam encontrá-lo: um espera diante de seu escritório para lhe apresentar a neta nascida na França; outro, com quem cruzou na rua, pergunta-lhe como vai. Esse homem que os martinicanos chamaram um dia de "Papai Césaire" – expressão que seu amigo Michel Leiris analisava com justeza como uma herança das culturas africanas nas quais o respeito e a estima por uma pessoa afável se traduzem por um termo parental, o que os franceses percebem como um sintoma de atraso dos antilhanos – continua a se interessar pelo mundo. Com a condição de não ser convocado a se justificar. Ele me deu, no entanto, o presente de responder às minhas perguntas, que não eram nem sobre poesia, nem sobre teatro, mas sobre temas mais gerais, a escravidão e a reparação, a República e a diferença cultural, a solidão do poder.

FRANÇOISE VERGÈS

CONVERSAS

O senhor disse muitas vezes o quanto foi feliz, quando jovem, ao deixar a Martinica. Por qual razão?

Você é reunionense, portanto compreenderá com facilidade. Eu sou martinicano. Fiz meus estudos primários em um município que se chama Basse-Pointe. A partir do sétimo ano, fui aluno no Liceu Schœlcher, onde fiz meus estudos secundários. Foi nesse momento que me pus – não exagero – a detestar a sociedade martinicana na qual eu vivia. Lembro-me como se fosse hoje desses pequeno-burgueses de cor e, muito cedo, fiquei chocado em constatar neles uma tendência fundamental a arremedar a Europa. Eles tinham os mesmos preconceitos que os europeus, demonstravam um esnobismo que eu achava muito superficial e que me irritava profundamente. Como era tímido, bicho do mato, fugia deles. Nada desse mundo me interessava.

Minha irmã frequentava o liceu para moças, que era chamado de "pensionato colonial". Ela recebia amigas em casa no sábado e no domingo, na "sala de baixo"; é esse o nome que dávamos para o salão. Você certamente conhece o agenciamento das casas na arquitetura colonial: no piso térreo se encontram o salão e a sala de jantar, separados por um corredor e uma escada que leva ao segundo piso. Essas moças, minha irmã e suas colegas, eram muito gentis. No entanto, as reuniões que aconteciam em casa não eram meu estilo; elas me irritavam profundamente. Eu pegava a escada e me refugiava no segundo piso.

Eu achava os homens martinicanos levianos, superficiais e um pouco esnobes, portadores de todos os preconceitos que tinham os homens de cor antigamente.[17] Tudo aquilo me desagradava muito, e devo dizer que parti para a França com deleite. Em meu íntimo, dizia: "Eles me deixarão em paz. Lá serei livre, lerei o que quiser."

Ir para a França era, para mim, uma promessa de liberdade, uma possibilidade, uma esperança de realização. Dito de outro modo, ao contrário de muitos de meus contemporâneos, eu tinha o constante sentimento de estar vivendo em um mundo fechado, estreito, um mundo colonial. Era meu sentimento primeiro. Eu não

---

17 Tradução literal do original "*hommes de coule*". (N.R.T.)

gostava dessa Martinica. E, quando pude partir, foi com prazer. "Adeus!", eu pensava. Temia muito deparar, no barco, com esses tipos martinicanos que só pensavam em se vestir e reproduzir seu modo de vida mundano a bordo: o baile de sábado, a música, as boates noturnas, todas essas ocupações tão na moda e que me irritavam terrivelmente. A viagem durava, na época, entre quinze e vinte dias. Havia bailes, divertimentos, uma espécie de vida de salão; outra vez me refugiava no porão, numa cabine minúscula, com um camaradinha que estava indo para o curso técnico. Só saía para jantar, depois voltava para me esconder em minha cabine.

Eu estava realmente contente quando cheguei ao porto de Le Havre. Meu camarada me perguntou então: "Onde você vai ficar?". Respondi: "Não sei, vou ver, e você?" "Vou fazer curso técnico." Tratava-se da escola Eyrolles, que existe ainda hoje e cujo prédio principal ficava no *boulevard* Saint-Germain. Meu camaradinha havia reservado um quarto em um hotel em Chachan. Disse-lhe: "Também vou. Arranja um quarto para mim." E lá fui eu desembarcar em Chachan. No dia seguinte, peguei o bonde que me deixou na Porta de d'Orléans, depois o metrô para chegar ao *boulevard* Saint-Michel, antes de chegar à rua Saint-Jacques e ao Liceu Louis-le-Grand.

Eu estava alegre e pensava: "Enfim, estou em Paris. Que saco essa Martinica! Agora vou poder viver!" Essa havia sido recomendação do meu professor de história, Eugène Revert, autor de um belo livro sobre a Martinica, cujo tema era o contato das civilizações. Era um homem muito simpático, muito humano. Ele me havia perguntado: "Aimé Césaire, o que você quer fazer depois de se formar?" Ele tinha uma barba comprida – que eu olhava enquanto lhe respondia: "O mesmo que o senhor, professor." "Muito bem: se você quer fazer como eu, vai se inscrever no Liceu Louis-le-Grand, nas aulas que preparam o concurso de entrada para a Escola Normal. E acho que você vai conseguir." No liceu, o supervisor me recebeu muito calorosamente. Eu me inscrevi para começar no primeiro ano e, ao sair da secretaria, vi um homem de altura média, meio baixo, de blusa cinza. Entendi de imediato que estava falando com um interno. Ele tinha na cintura uma cordinha, na ponta da qual pendia um tinteiro, um tinteiro vazio. Veio até a mim e me disse: "Calouro, como você se chama, de onde você é e o que você faz?" "Eu me chamo Aimé Césaire. Sou da Martinica e vim para me inscrever no regime externo. E você?" "Eu me chamo Léopold Sédar Senghor. Sou senegalês e estou no primeiro ano. Calouro", fez um gesto de consagração, "você será meu calouro." No mesmo dia da minha chegada ao liceu! Nós nos tornamos grandes amigos, ele no segundo e eu no primeiro ano. Víamo-nos todos os dias e conversávamos. Léopold estava, com Georges Pompidou[18] – também o conheci naquela época.

Nós conversávamos longamente sobre a África, as Antilhas, o colonialismo, as civilizações. Senghor adorava falar das civilizações latina e grega, era muito bom helenista. Resumindo, nos formamos um ao outro, com o passar do tempo, até o dia em que nos fizemos uma primeira pergunta essencial: "Quem sou? Quem somos? O que somos nós neste mundo branco?" Maldito problema. Segunda questão, mais moral: "O que devo fazer?" A terceira questão era de ordem metafísica: "O que nos é permitido esperar?" Aquelas três questões nos ocuparam bastante. Essas trocas eram realmente muito formadoras.

Comentávamos a atualidade. Essa era a época da guerra da Etiópia; evocávamos o imperialismo europeu e, um pouco mais tarde, a escalada do fascismo e do racismo. Nos posicionamos rápido, o que contribuiu para forjar nossas personalidades. Tratava-se aí de nossas preocupações

---

18 Político francês. Ocupou o cargo de primeiro-ministro de 1962 a 1968, e de presidente de 1969 a 1974, ano de sua morte. (N.E.)

essenciais. Depois veio a guerra. Voltei para Fort-de-France; fui nomeado no Liceu Schœlcher; e Senghor, em um liceu na França. De volta a Paris após a guerra, o que descubro? Um homenzinho vestido com uma espécie de toga: Senghor havia se tornado deputado do Senegal; e eu, da Martinica. Caímos mais uma vez nos braços um do outro. Nossa amizade estava intacta a despeito de nossas diferenças de caráter. Ele era africano, e eu, antilhano; ele era católico, e politicamente próximo do MRP;[19] na época, eu estava mais para comunista ou "comunisante". Não brigávamos nunca, porque nos amávamos profundamente e porque de fato formamos um ao outro.

Voltemos aos seus anos de juventude e a essa liberdade da qual o senhor falava. Quais foram, então, suas leituras?
Nós seguíamos o programa, mas tínhamos, cada um, temas de predileção próprios. Naturalmente, lemos os clássicos, como Lamartine, Victor Hugo ou Alfred de Vigny,[20] mas eles não respondiam por completo às nossas inquie-

---

19   Trata-se do Mouvement Réplublicain Populaire [Movimento Republicano Popular], partido político francês criado em 1944, de orientação centrista e cristã, mesmo partido do então presidente da França, o General De Gaulle. (N.T.)

20   São os três poetas mais importantes do Romantismo francês, por isso são leitura obrigatória em liceus franceses para os estudos literários sobre o século XIX na França. Considerados revolucionários tanto para a literatura quanto para a política, Victor Hugo e Lamartine tiveram papel relevante na Comuna de Paris, em 1871. (N.R.T.)

tações. Rimbaud[21] contou muito para nós: porque escreveu "Eu sou um negro". Líamos também Claudel[22] e os autores surrealistas. E, embora não fôssemos muito ricos, comprávamos os livros dos autores contemporâneos.

Duas martinicanas, as irmãs Nardal,[23] mantinham então um grande salão. Senghor o frequentava regularmente. De minha parte, eu não gostava dos salões – não que os desprezasse –, e apareci por lá uma ou duas vezes, sem me demorar. Assim, encontrei vários escritores negros americanos, Langston Hughes[24] ou Claude McKay.[25]

---

21   A. Rimbaud, "Je suis une bête, un nègre" [Sou uma besta, um negro], um dos versos do poema em prosa "Mauvais Sang", o segundo da coleção Une Saison en Enfer. A. Rimbaud, "Mauvais sang", in *Poésies, Une saison en enfer, Illuminations*, Paris: Gallimard, 1999, p. 179-187. [Ed. bras. *Uma temporada no inferno*, Porto Alegre: L&PM, 2006.] (N.R.T.)

22   Paul Claudel (1868-1955), diplomata, dramaturgo e poeta francês do século XIX. Também estudou no Liceu Louis-le-Grand. É considerado uma das principais influências para os poetas da negritude, por sua poesia em prosa meditativa e epifânica. (N.R.T.)

23   Alice, Andrée, Lucy, Cécile, Émilie e as duas mais conhecidas: Paulette (1896-1985) e Jeanne (1902-1993), escritoras, filósofas, jornalistas. De origem martinicana, as irmãs Nardal são consideradas personalidades precursoras da negritude e foram responsáveis por um salão literário em Paris frequentado por importantes nomes do movimento negro da época. (N.E.)

24   Langston Hughes (1901-1967) foi um poeta, romancista, dramaturgo e ativista estadunidense. Nascido em Joplin, no Sul dos Estados Unidos, foi uma das vozes mais conhecidas da Renascença do Harlem. É lembrado pelo poema "O negro fala de rios". No Brasil, temos o livro *O negro declara e outros poemas* (trad. Leo Gonçalves, São Paulo: Pinard, 2023). (N.E.)

25   Claude McKay (1889-1948) foi um escritor jamaicano-americano, conhecido sobretudo por seus romances e sua poesia. Fez parte da Renascença do Harlem. No final dos anos 1920, optou por viver na França, onde escreveu grande parte de sua obra. (N.T.)

Os negros americanos foram para nós uma revelação.[26] Não bastava ler Homero, Virgílio, Corneille, Racine etc. O que contava mais para nós era encontrar outra civilização moderna, os Negros e seu orgulho, sua consciência de pertencer a uma cultura. Eles foram os primeiros a afirmar sua identidade, enquanto a tendência francesa era pela assimilação, o assimilacionismo. Entre eles, ao contrário, encontrávamos um orgulho de pertencimento muito específico. Constituímos então um mundo para nós. Eu respeitava muito os professores do liceu, mas Senghor e eu tínhamos nossas leituras pessoais.

Nessa época, um amigo iugoslavo, Petar Guberina, me convidou para passar um verão na Croácia. Me recordo de ter achado a costa parecida com a do Caribe e, aliás, um dia lhe perguntei: "Qual é o nome daquela ilha?" Ele me respondeu que em francês significava "Martinho". Então pensei: "É a Martinica que estou vendo!" E foi assim que, após ter comprado um caderno escolar, comecei a escrever *Diário de um retorno*

---

26 A Renascença do Harlem, que na época era conhecida como New Negro, foi um movimento precursor da negritude francesa. Seus artistas mais conhecidos eram assíduos frequentadores de Paris naquele período. Os poemas escritos por eles foram temas de estudos de Aimé Césaire durante sua formação e foram incluídos em periódicos ligados à negritude, como a *Revue du Monde Noir*, em tradução francesa. (N.E.)

ao país natal.[27] Não se tratava de um retorno propriamente, mas de uma evocação, na costa da Dalmácia, da minha ilha.

É portanto em Paris, com Senghor, que se opera essa revelação da identidade negra. Hoje em dia, existem numerosos trabalhos sobre a "transcontinentalidade" da experiência negra, produzida pela escravidão. Vários continentes e, portanto, várias culturas foram influenciadas pelas origens africanas; o senhor falou muito disso na época. Isso alterou, desde esse momento, sua visão da literatura?

Ler os poetas martinicanos era como contar nos dedos até doze, e então você tinha um alexandrino. Eles escreviam coisas sedutoras, o que é chamado de *doudouisme.*[28] O Surrealismo manifestava justamente uma recusa dessa literatura. Esse movimento nos interessava porque ele nos permitia romper com a razão, com a civilização artificial, e fazer o chamado às forças profundas do homem. "Está vendo, Léopold, o mundo é o que ele é, você

---

27 A. Césaire, op. cit.

28 *Doudouisme* é uma expressão pejorativa para qualificar um movimento literário que representava de forma complacente e ingênua as características naturais das Antilhas francesas. Valia-se da métrica e da rima tradicionais e almejava fazer parte de uma espécie de "parnaso" ultramarino. (N.T.)

se veste, coloca seu terno, vai ao salão etc. 'Minhas homenagens, senhora'. Mas onde está o Negro nisso tudo? O negro não está ali. Você o tem em você, no entanto. Cave mais fundo e você o encontrará no fundo de si, para além de todas as camadas da civilização, o Negro fundamental. Você me entende, *fundamental*." Foi exatamente o que eu fiz, e toda essa literatura de alexandrinos, nós a achávamos ultrapassada. "Eles" tinham feito a própria literatura, mas nós faríamos outra coisa, pois nós éramos Negros. O que era preciso procurar em nós era o Negro.

Nós nos interessamos pelas literaturas indígenas, pelos contos populares. Nossa doutrina, nossa ideia secreta era: "Negro eu sou e Negro serei." Dentro dessa ideia estava a de uma especificidade africana, de uma especificidade negra. Mas Senghor e eu evitamos cair no racismo negro[29]. Tenho minha personalidade e, com o Branco, eu sou pelo respeito, um respeito mútuo.

---

29 O que o Césaire faz aqui é responder (agora sem ser perguntado) a uma pergunta que recaiu sobre ele e Senghor inúmeras vezes após a publicação do ensaio "Orfeu negro", de Jean-Paul Sartre, e que foi escrito sob encomenda para ser a introdução da *Anthologie de la nouvelle poésie nègre et malgache de langue française* [Antologia da nova poesia negra e malgaxe em francês], organizada por Senghor (Paris: Presses Universitaires France, 2015). Trata-se de um texto interessante, marxista, no qual elogia muito os poetas e se derrama especialmente sobre a genialidade de Césaire. Mas em determinado momento, Sartre afirma haver a necessidade de um "racismo antirracista": "Aqueles que, durante séculos, tentaram em vão, porque ele era negro, reduzi-lo ao estado de animal, é preciso que ele os obrigue a reconhecê-lo como um homem. Ora, não há escapatória aqui, nem astúcia, nem "passagem de linha" que ele

Essa tomada de consciência de si se fez pelo "Quem sou eu?". A civilização europeia construiu uma doutrina: é preciso se assimilar à Europa. Mas não, sinto muito, antes é preciso ser você mesmo. É meu ponto de vista, e isso chocou profundamente os martinicanos. Eu me recordo de um rapaz bem-vestido, muito esnobe, que veio até mim e, estendendo-me a mão, disse: "Césaire, eu te amo demais, amo muito o que o senhor faz, mas reprovo uma coisa: por que você fala o tempo todo da África? Nós não temos nada a ver com aquilo, são selvagens, nós somos outra coisa." No entanto, esse rapaz era ainda mais escuro que eu! É sinal de como estava enraizada a ideia de uma hierarquia racial. A assimilação para mim era a alienação, a coisa mais grave.

Havia, na verdade, duas Martinicas. A Martinica da "civilização", a dos *békés*,[30] da feudalismo e dos pe-

---

possa encarar: um judeu entre os brancos pode negar que é judeu, se declarar um homem entre os homens. O negro não pode negar que seja negro nem reivindicar para si essa abstrata humanidade incolor: ele é negro. Assim, ele fica acuado na autenticidade: insultado, sujeitado, ele se levanta novamente, colhe a palavra "nègre" que lhe jogaram como uma pedra, reivindica-se como negro, na cara do branco, com orgulho. A unidade final que aproxima todos os oprimidos no mesmo combate deve ser precedida nas colônias porque eu definirei o momento da separação ou da negatividade: esse racismo antirracista é o único caminho que pode levar à abolição das diferenças de raça." (em "Orphée noir", p. 14). Como grande parte das pessoas não chegou a ler a antologia e nem os poetas citados, apenas o texto de Sartre, é comum atribuir esse racismo ao movimento da negritude. (N.T.)

30 Grupo que representa menos de 1% da população e que se recusa firmemente a se integrar com os demais habitantes. Nas Antilhas francesas, o termo *béké* é

queno-burgueses, negros ou mulatos.[31] E ao lado dessa Martinica, no campo, encontrava-se o camponês com sua enxada, lavrando os campos de cana, conduzindo seus animais, batendo o tambor, tomando seu litro de rum. Essa Martinica era mais autêntica do que a outra.

Essa coexistência entre duas Martinicas representa um papel no mal-estar martinicano que o senhor evoca frequentemente? O que o senhor entende quanto a isso?

Ele existe, e eu penso que nós não podemos fazer nada nesse sentido. Nascemos assim. Há um mal-estar martinicano, há um mal-estar antilhano, que se compreende muito bem. Pense na pessoa raptada na África, transportada no porão, acorrentada, agredida, humilhada: cospem-lhe na

---

utilizado para se referir aos brancos da Martinica ou de Guadalupe, descendentes dos primeiros colonizadores europeus, geralmente de origem francesa. Essa designação também está associada à riqueza e ao poder político ainda mantidos por essas famílias (N.E.).

31 O termo *mulato*, como se verá, aparece algumas vezes no vocabulário de Aimé Césaire. Diferentemente dos usos e das implicações que se consolidaram na língua portuguesa, o mestiço entre pessoas negras e brancas gozou por certo tempo de alguns dos privilégios da parte europeia de sua ascendência. Por isso, acabou por constituir uma classe social no contexto das Antilhas. Esse aspecto é explicado mais adiante nas conversas pelo próprio Aimé Césaire, ao falar da formação étnico-econômico-social do Haiti (ver a resposta à pergunta "O senhor deu ao Haiti um lugar importante na sua obra e o senhor escreveu um ensaio sobre Toussaint Louverture. O senhor foi ao Haiti muito cedo na sua carreira, como se passou esse encontro?" p. 53). Igualmente, tal grupo terá grande importância na estrutura social da Martinica e de Guadalupe. Assim, optamos por manter o termo tal como é usado no francês. (N.T.)

cara, e isso não vai deixar nenhuma marca? Tenho certeza de que isso me influenciou. Eu nunca passei por isso, mas pouco importa, a história seguramente pesou.

Como sair desse mal-estar?

Pelo pensamento, pela política, pela atenção com o outro. Precisamos nos entender uns com os outros. O racismo dos europeus ou dos americanos não ajuda muito, mas é preciso agir com a consciência de que nós temos que lidar com homens, portanto com irmãos, com os quais somos solidários, e é preciso saber ajudá-los e, para tal, compreendê-los.

Depois da Segunda Guerra Mundial, o comunismo exerce uma forte atração no mundo colonizado porque ele se apresenta como uma ideologia não racial e de solidariedade entre os povos. Foi por isso que o senhor aderiu ao Partido Comunista Francês?

Para mim, o comunismo se impunha, era um progresso. Mas ele se tornou quase uma religião, com graves defeitos. Eu não me senti totalmente à vontade dentro do partido comunista. Havia "eles", e havia "nós". Era direito deles, eles eram franceses; mas eu me sentia negro, e eles não eram capazes de me compreender plenamente. Foi um grave erro de nossa parte nos considerarmos membros do Partido Comunista Francês. Nós éramos membros do

Partido Comunista Martinicano – e devíamos colaborar com o Partido Comunista Francês, ser solidários, mas não fazia sentido ficarmos à mercê de Paris.[32]

O que me chocou no comunismo, pois eu o conheci, foi o dogmatismo, o duplo sectarismo e, claro, os métodos que me foram apresentados. Os militantes não se questionavam jamais, não se interrogavam nunca sobre eles mesmos. Eu ficava a distância, com minhas reservas. É também verdade que eu sou tímido. Mas, enfim, não aceito que me digam qualquer coisa.

O senhor comentou muitas vezes sobre a dificuldade da França em admitir as diferenças. Seu amigo Michel Leiris, no livro Contacts des civilisations en Martinique et en Guadeloupe *[Contatos de civilizações*

---

32 No original, "ficarmos presos à praça Coronel Fabien". Coronel Fabien (1919-1945) ficou conhecido por sua atuação como comunista durante a Segunda Guerra Mundial. Dá nome à praça onde é sediado o Partido Comunista Francês (PCF). Aqui, Césaire se refere à sua decisão de deixar o partido. Em sua "Carta a Maurice Thorez", o então presidente do PCF chocou os militantes mais aguerridos por seu tom contestador e por sua rejeição ao dogmatismo vazio que se depreendia do stalinismo. "Creio ter dito o suficiente para fazer entender que não é nem o marxismo, nem o comunismo que renego, que é o uso que alguns fizeram do marxismo e do comunismo que eu reprovo. Que o que eu quero é que marxismo e comunismo sejam postos a serviço dos povos negros, e não os povos negros a serviço do comunismo. Que a doutrina, o movimento sejam feitos para os homens, e não os homens para a doutrina ou para o movimento. E que fique claro, isso vale não só para os comunistas. Se eu fosse cristão ou muçulmano, diria a mesma coisa. Que uma doutrina só é válida se repensada por nós, repensada para nós, convertida a nós." Com essa carta, Aimé Césaire pede o desligamento do Partido e cria o seu próprio. (N.T.)

na Martinica e em Guadalupe] (1955), relatava o racismo praticamente inevitável dos funcionários metropolitanos. Mesmo entre aqueles que se diziam cheios de boa vontade, havia essa certeza de "serem superiores". O senhor acredita que isso mudou? Como percebe essa dificuldade hoje em dia?

A França faz o que pode, ela se desencarrega. Ela tem problemas ligados à sua história, dos quais tenta com dificuldade se desvencilhar. Cada povo europeu tem sua história, e é a história que construiu a mentalidade francesa como ela é. Olhe os ingleses, eles também têm uma mentalidade própria. Pergunte a um dominicano, um habitante das Bahamas, de Trindade: "O que você é?" "Eu sou trinitário. Eu sou dominicano." Pergunte a um antilhano: "O que você é?" "Eu sou francês." Os antilhanos anglófonos não podem dizer que eles são ingleses, "*because nobody can be an Englishman.*" Ninguém pode ser inglês, salvo se nasceu *in England*. Entre os ingleses, o racismo coexiste com uma concepção do homem e o respeito da personalidade do outro, o que faz que tenha havido muito menos assimilação nas colônias anglófonas que nas colônias francesas. Os franceses acreditaram no universal e só reconhecem uma única civilização: a deles. Nós havíamos acreditado nisso junto com eles; mas nessa civilização encontramos também a selvageria, a barbárie.

Essa clivagem é comum a todo o século XIX francês. Os alemães, os ingleses compreenderam bem antes dos franceses que *a civilização* não existe. O que existe são *as civilizações*. Há uma civilização europeia, uma civilização africana, uma civilização asiática, e todas as civilizações são formadas de culturas específicas. Dito de outro modo, a França, desse ponto de vista, estava muito atrasada.

Atualmente, ela é obrigada a se confrontar com a diferença cultural. Mas é a história que a obriga a isso. Ela continuou por muito tempo a dizer: "A Argélia é francesa." Mas não era verdade, e, um dia, os franceses se viram diante do problema argelino, diante do problema africano. É a história que acabou por modificar as coisas, mas nós havíamos pressentido tudo isso.

Para um país como a Martinica,[33] eu reivindico o direito à independência. Não a independência forçada, pois o povo martinicano não a deseja – ele sabe que não tem nem os meios, nem os recursos –, mas é possível tentar. Nós não somos independentes, mas nós temos *direito à independência*: isso significa que nós podemos recorrer a ela, se for preciso. Nós temos uma especificidade, o que não nos

---

33 Diferentemente de outros territórios ocupados e colonizados pela França (como a Argélia, citada por Césaire em parágrafo anterior), a Martinica, colonizada a partir de 1635, não se tornou um país independente e continua sendo um território ultramarino francês. A população nativa fora expulsa do território em 1600, e os franceses importaram mão de obra escravizada através do tráfico negreiro na África. (N.E.)

impede de sermos amigos. Existe uma velha solidariedade entre a França e nós. Por que rompê-la? Sou martinicano, amo muito a França, o que quer que ela seja; nós somos solidários, mas sou um martinicano. Essa é a censura que eu faço ao civilizacionismo. Não me tornei outro. Você é você, eu sou eu. Você tem sua personalidade, eu tenho a minha, e nós devemos nos respeitar e nos ajudar mutuamente.

Poderíamos começar por perguntar aos europeus o que os liga à Europa. Quando se olha de perto, vê-se bem que não é fácil... Não falemos dos ingleses e dos franceses, mas dos sérvios e dos búlgaros...

Tem que dar postos de trabalho para os martinicanos, pois os martinicanos devem produzir alguma coisa; a Martinica não deve somente ficar voltada para a assistência. Isso é o que me parece importante. Neste momento, nós somos devotos da assistência. Não temos nada. O problema do emprego é crucial. Muitos martinicanos duvidam de uma descentralização radical, na qual todos os serviços ficariam sob a responsabilidade dos martinicanos, do Conselho Geral. Seria uma catástrofe! A Martinica responsável por todos esses serviços! Seria necessário pagar todos os funcionários? Ora, a Martinica não é capaz de pagar um terço dos funcionários que trabalham em seu solo. Em outros termos, ao fim de um mês seria a revolta, a revolução.

Entretanto, não podemos ficar o tempo todo dizendo: "É a França que é responsável." Temos primeiro que nos assumir; nós devemos trabalhar, devemos nos organizar, temos deveres para com nosso país, para com nós mesmos. Eu não acredito em obstáculos insuperáveis. É que sempre existiu um certo "negrismo", em particular de classe. Tomemos o exemplo do Haiti. Em que resultou sua revolução? Ela beneficiou um pequeno grupo; quanto aos outros... É a marca de um egoísmo muito humano, um particularismo, uma tendência para o clã, o partido, a "camaradagem". Ora, a necessidade exige se projetar para fora, alargar os horizontes.

No dia 19 de março de 2006, as quatro colônias pós-escravistas (Guadalupe, Guiana, Martinica, Reunião) se tornaram departamentos. O senhor foi o relator dessa lei. Muitos o acusaram, como também acusaram outros políticos das outras colônias, de ter favorecido a assimilação, a dependência. Mesmo se não tivesse sido esse seu objetivo, era inevitável. O senhor teria pecado por excesso de confiança em relação à França? Qual era a situação antes? Uma miséria total: a ruína da indústria açucareira, a desertificação do campo, as populações que se precipitavam em Fort-de-France e se aglomeravam em invasões, instalando-se como podiam em qualquer pedaço de chão. O que fazer? Os prefeitos só pensavam em enviar-lhes a polícia. Ora, nós escolhemos nos interessar por aquelas pessoas. Na posição de intelectual, eu havia sido nomeado por uma população que tinha ideias, necessidades e sofrimentos. O povo martinicano não dava a mínima para a ideologia, ele queria transformações sociais, o fim da miséria.

A tese oficial dizia: "Você é francês." Portanto, se somos franceses, deem-nos o salário dos franceses, deem-nos auxílio familiar etc. Como resistir a essa lógica? Nós nos entendemos, com Vergès e Girard,[34] para apresentar uma proposta de departamentalização. Eu fui o primeiro a empregar a palavra "departamentalização" no lugar de "assimilação", embora, durante quase um século, campanhas tenham sido dirigidas em favor da assimilação.

Nunca uma lei foi tão popular: ao nos tornarmos franceses por inteiro, nos beneficiaríamos de auxílios familiares, de feriados pagos etc.; os próprios funcionários estavam interessados pelo aspecto social. Ao apresentar essa lei, eu tinha por objetivo obter essas

---

34 Raymond Vergès e Rosan Girard eram, respectivamente, deputado da Reunião e deputado de Guadalupe. Eles defenderam, com Aimé Césaire, o projeto de lei que deu fim ao estatuto colonial das quatro colônias. (N.A.)

medidas, e, coisa curiosa, houve reticências no governo e mesmo entre os brancos! Nós queríamos ser europeus. Eles não sabiam como justificar uma recusa à nossa demanda. Resistiram o quanto puderam; depois, a contragosto, paulatinamente, tiveram que se deixar vencer. Mas nós levamos quase dez anos para obter realizações concretas!

Eu era o relator da comissão. Tinha em mente o seguinte: "Meu povo está ali, ele grita, precisa de paz, de alimento, de roupas etc. Eu vou ficar filosofando? Não." Sim, mas veja bem, eu me dizia por outro lado: "Isso resolve um problema imediato, mas, se nos deixarmos levar, cedo ou tarde surgirá um problema que nem os martinicanos, nem os guadalupenses, nem os reunionenses jamais pensaram: *o problema da identidade*." "Liberdade, igualdade, fraternidade", pronuncie todos os dias esses valores, cedo ou tarde você verá aparecer o problema da identidade. Onde está a fraternidade? Por que nunca foi conhecida? Precisamente porque a França nunca entendeu o problema da identidade. Se você é um homem com direitos e todo o respeito que lhe são devidos, e então eu também sou um homem, eu também tenho direitos, respeite-me. Nesse momento nós somos irmãos. Abracemo-nos. Eis a fraternidade.

Em maio de 2001,[35] o Parlamento francês votou por unanimidade uma lei declarando o tráfico negreiro e a escravidão "crimes contra a humanidade" e, desde então, certos grupos reclamam por reparações. O debate não é novo, e eu pude constatar, durante as discussões da Comissão da Verdade e Reconciliação, que o estatuto da "verdade" não é tão simples em contextos de violência colonial e que o termo reparação induz com frequência a deslizes no discurso, que se afasta do político e se agarra ao moralismo, fixando as figuras de vítima e de carrasco.

De fato, vieram me ver para falar desse tema e, quando me falaram de pedido de reparações, eu respondi: "Escutem, façam como puderem. Se funcionar, tudo bem, mas eu considero que é perda de tempo." Seria fácil demais: "Então você foi escravizado durante tantos anos, há muito tempo, consequentemente se multiplica por tanto: eis a sua reparação." E depois estaria terminado. Para mim, a ação nunca vai chegar ao fim. É irreparável. Está feito, é a história, não posso tomar nenhuma atitude quanto a isso.

A reparação é um assunto de interpretação. Eu conheço os ocidentais o bastante: "Então, meu caro, quanto?

---

35 A lei que declarou o tráfico negreiro e a escravidão "crimes contra a humanidade" foi adotada em unanimidade pelo Parlamento em 10 de maio de 2001. (N.A.)

Te dou a metade para pagar o tráfico. Concorda? Toma aí."
Depois acabou: eles repararam. Ora, eu acho que é totalmente irreparável. O termo *reparação* não me agrada muito. Ele implica que possa haver uma reparação possível. O Ocidente deve fazer alguma coisa, ajudar os países a se desenvolver, a renascer. É uma ajuda que nos é devida, mas eu não creio que exista nota a se apresentar pela reparação. É uma ajuda, não é um contrato, é puramente moral. Eu considero um dever dos Estados ocidentais nos ajudar.

Eu repito, para mim é irreparável. Parece-me natural e evidente que é preciso ajudar esses povos a quem tanto mal foi feito. É assim que raciocino, e não em termos de reparação. Senão, a lógica é a seguinte: "Está bem, combinado", depois "Dê o fora, já te paguei" ou "O avô dessa mulher vendeu o meu; vai, executa...".

No século XVIII, os europeus perceberam uma coisa; eles se sustentavam em cima de uma riqueza: as pessoas. Eles inventaram um recurso novo e persuadiram, bem ou mal, os africanos a vender pessoas. Era um comércio ignóbil, lamentável. Qual reparação pode haver? É preciso encontrar un termo, sim, mas é secundário que seja "reparação" ou outra coisa. Eu creio que a África tem direito, moralmente, a uma reparação. Tentemos usar outros termos, e não nos apresentemos como um bando de mendigos que vêm pedir reparação por um crime cometido há dois ou três séculos. Bom, vão achar que eu sou contra a reparação; será mais uma polêmica absolutamente inútil.

Eu acho que os europeus têm deveres para conosco, pelos males dos quais eles são a causa. É isso que eu chamo de reparação, mesmo se o termo não é tão feliz assim. Eu penso que o homem deve ajudar o homem, e tanto mais se ele é responsável em uma certa medida pelos infortúnios do outro. Não quero transformar isso em processo, atas de acusação, relatores, dolos etc. Quanto? Tantas cifras foram adiantadas... Eu penso que até facilitaria a parte deles: haveria uma conta a ser paga, e em seguida acabaria. Não, isso não será resolvido nunca. Quero pensar mais em termos morais que em termos comerciais.

Sair da vitimização é fundamental. É uma tarefa desconfortável. A educação que recebemos e a concepção do mundo que provém daí são responsáveis pela nossa irresponsabilidade. Alguma vez fomos responsáveis por nós mesmos? Fomos sempre súditos, colonizados. Restam traços disso. Você foi à escola, aprendeu o francês, esqueceu sua língua natal etc. Quando começou a escrever o crioulo, quando decidiu ensiná-lo, o povo não teve arroubos de alegria. Visito muito as escolas, vou ver as pessoas, as crianças, aprecio muito esses contatos. Recentemente, perguntei a uma mulher: "A senhora colocou seus filhos na escola. Sabe que uma medida bastante interessante acaba de ser tomada: vamos ensinar o crioulo na escola. A senhora gostou?" Ela me respondeu: "Se eu gostei? Não, porque, *si mwen ka vouyé ick mwen lékol* (se mando meu filho para a escola), não é para que ela aprenda o crioulo, mas o francês. O crioulo sou eu que ensino, e na minha casa." Seu bom senso me tocou. Havia uma parcela de verdade. Nós somos pessoas complexas, ao mesmo tempo isto e aquilo. Não faz sentido nos cortarmos de uma parte de nós mesmos.

Voltemos ao tema da assimilação. Em 1957, quando funda o Partido Progressista Martinicano, o senhor advoga por autonomia. Assistiremos a uma união dos partidos de esquerda dos quatro departamentos ultramarinos em torno desse tema, que culminará com a convenção do Morne Rouge. *Recordemos: nos dias 16, 17 e 18 de agosto de 1971, os partidos e organizações signatários de Reunião, da Guiana, de Guadalupe e da Martinica, reunidos em Convenção, declaram solenemente: "Os povos dos quatro territórios de Reunião, da Guiana, de Guadalupe e da Martinica, por seu aspecto geográfico, seu desenvolvimento histórico, seus componentes étnicos, sua cultura, seus interesses econômicos, constituem entidades nacionais cuja realidade é diversamente refletida na consciência desses povos. Em consequência, ninguém pode dispor deles, por nenhum artifício jurídico; são esses povos mesmo que, democraticamente e em toda soberania, determinam seu destino." Seu partido assina essa convenção. Essas tomadas de posição vêm com uma forte resistência por parte do governo francês, que, já em 1963, havia aplicado sobre esses territórios uma ordem destinada em sua origem a reprimir os funcionários que defendessem a luta de liberação nacional na Argélia. Vários funcionários serão exilados na França metropolitana por causa dessa ordem conhecida como* Ordem Debré. *Hoje, como o senhor analisa essas demandas: entre assimilação, autonomia, independência?*

Há uma tese: a assimilação; do outro lado, outra tese: a independência. Tese, antítese, síntese: você passa essas duas noções e chega a uma fórmula, mais vasta, mais humana e mais adequadas aos nossos interesses. Eu não sou assimilacionista, porque meus ancestrais não são gauleses. Eu sou independentista. Como todo martinicano, acredito na independência, mas ainda seria necessário que os martinicanos a quisessem realmente! Segundo eles, a independência é para os outros, mas não para eles por enquanto. Para mim, nem independência, nem assimilacionismo, mas autonomia, quer dizer, ter sua especificidade, suas formas institucionais, seu próprio ideal, tudo pertencendo a um grande conjunto.

Inútil dizer que não é cômodo estar "no meio": pela direita, pela esquerda, você recebe golpes de todos os lados. E eu recebi. Não é fácil ser antilhano, não deve ser fácil ser reunionense, mas é assim, e devemos assumir isso com coragem, com dignidade e, se for preciso, com orgulho.

Eu evoquei nossos problemas nos planos cultural e social, mas, na minha opinião, hoje nossa principal fraqueza é econômica. A economia antilhana era geradora de miséria e de desigualdade, mas ela existia. O que fazer agora? No momento atual, somos um país que não produz mais nada, mas que consome cada vez mais. É uma situação de assistencialismo da qual precisamos sair.

Em **Discurso sobre o colonialismo,** *o senhor não hesita em escrever: "A Europa é indefensável", "moralmente, espiritualmente indefensável." Adiante, o senhor sugere que o colonialismo contribuiu para "o enrudecimento do continente." Eu cito, é uma longa citação, mas explicarei por que o faço: "[...] uma barbárie, mas a barbárie suprema, aquela que coroa, que resume a cotidianidade das barbáries;*

que é nazismo, sim, mas que, antes de ser a víti-
ma, foi a cúmplice; houve apoio para aquele na-
zismo antes dele começar a incomodar, foi absol-
vido, fecharam os olhos sobre isso, foi legitimado,
porque até então ele era aplicado somente a pes-
soas não europeias."[36] *O senhor sabe que são teses*
muito controversas, mas o que eu gostaria de vê-lo
desenvolver é sua análise do colonialismo como
"enfermidade da Europa". Vários pesquisadores
exploram as ligações entre colônia e metrópole, eu
faço parte deles, quer dizer que eles recusam ratifi-
car a ideia de uma fronteira estanque entre colônia
e metrópole, mas procuram antes descobrir as tro-
cas, os empréstimos, as distorções, os limites.

A mentalidade colonial existe. A Europa se persuadiu
de que ela trazia o bem para os africanos. Em seguida,
ficaram conhecidas as brutalidades e os abusos esta-
dunidenses. Mas os ocidentais não são os únicos que
tiveram essa pulsão: os russos também agiram assim.
Hoje, o perigo está em toda parte. Depois de amanhã,
alguém notará que existem vários bilhões de chineses.
É isso a história. A China se tornará a maior potência
do mundo.

---

36   A. Césaire, *Discours sur le colonialisme*, 2000, p. 13 [Ed. bras.: *Discurso sobre o colonialismo*, 2020].

E depois tem o homem, o homem que sabe muitas coisas, mas que tem também uma vontade de poder. Tantos sistemas foram baseados nesse poder. Ao mesmo tempo que cada um tem que dominar sua maldade fundamental, é preciso que os Estados aprendam a dominar seu desejo de conquistar e sujeitar. O homem é o que é. Ele vem ao mundo, e logo se dá conta de que a vida é um presente esquisito. Como nasceram as religiões? Imagine um homem: "Oh, o mar! Oh, o Sol!" Procurar a ajuda dos deuses para se proteger de uma coisa ou de outra, essa é a base de todas as religiões. Para cada perigo, para cada ameaça, inventa-se um deus. O sentimento que o homem tem de sua fraqueza e sua busca perpétua por proteção contra forças que o ultrapassam, em primeiro lugar contra as forças naturais, é isso que se deve compreender. O princípio de esperança está ligado a essa visão do mundo. Nós travamos um combate contra essas forças naturais, contra nós mesmos, e esse combate nunca é inteiramente vencido. A luta contra nossas próprias tendências e a luta coletiva não vão nunca uma sem a outra, uma influi sempre sobre a outra.

Nós evocamos muito suas atividades políticas, mas o senhor sempre se apresentou como poeta. Como fez coabitar essas duas atividades?

Não sei como fiz para unir essas duas atividades. Eu mesmo me surpreendo. Não se pode dizer que consegui. Recentemente, enviaram-me o questionário de Proust[37] e me pediram para respondê-lo. Que questões! Seria necessário um livro ou, o que dá no mesmo, uma vida para responder. O que penso dos homens? O que penso das mulheres? O que penso de mim mesmo e do meu caráter etc.? Para dizer a verdade, não sei o que responder. É em meus poemas, os mais obscuros, provavelmente, que me descubro e me reencontro... E quem pode descobrir isso senão vocês que me leem, me releem, me fazendo a honra de me procurar, se ouso dizer, há anos? É na minha poesia que se encontram minhas respostas. A poesia me interessa, e eu me releio, me importo com ela. É lá que eu estou. A poesia revela o homem a si mesmo. O que está no mais profundo de mim mesmo se encontra certamente na minha poesia. Porque esse "eu-mesmo", não o conheço. É o poema que me revela e mesmo a imagem poética.

---

37 Quando Marcel Proust (1871-1922) teve contato com o Jogo das Confidências – passatempo populares na Inglaterra vitoriana, caracterizado por sua natureza social e interativa, em que os participantes se envolviam em atividades que incentivavam a troca de informações pessoais e a revelação de segredos ou opiniões íntimas –, encantou-se de tal maneira que criou sua própria versão. Assim, o Questionário Proust é um conjunto de perguntas que revelam traços pessoais de quem o responde. (N.E.)

habito uma ferida sagrada

habito ancestrais imaginários

habito um corredor obscuro

habito um longo silêncio

habito uma sede irremediável

habito uma viagem de mil anos

habito uma guerra de trezentos anos

habito um culto desafetado entre bulbo e bago

habito o espaço inexplorado

habito do basalto não uma brota

mas da lava a pororoca

que sobe a grota a toda

e queima todas as mesquitas

me acomodo ao meu melhor desse avatar

de uma versão do paraíso absurdamente equivocada

– é bem pior do que um inferno –

habito de tempos em tempos uma das minhas chagas

cada minuto eu mudo de apartamento

e qualquer paz me abala

    turbilhão de fogo

    ascídia como nenhuma outra para poeiras

    de mundos dispersados

    tendo cuspido vulcão minhas entranhas de água-

    [-viva

eu fico com meus pães de palavras e meus mine-
[rais secretos

habito portanto um vasto pensamento
mas o mais das vezes prefiro me confinar
na mais miúda das minhas ideias
ou então habito uma fórmula mágica
somente as primeiras palavras
todo o resto ficando esquecido
habito o congelar
habito o colapsar
habito o retalho de um grande desastre
habito o mais das vezes o pior o mais seco
do pico mais esguia – a loba dessas nuvens –
habito a auréola das cactáceas
habito um rebanho de cabras puxando sobre a teta
da argânia mais desolada
para dizer a verdade não sei mais meu endereço exato
talude ou abissal
habito o buraco dos polvos
me bato com um polvo para um buraco de polvo

irmão não insista
varejo de *varech*
me pendurando em cuscuta

>   ou me desdobrando em porana
> é todo um
>   e que a onda gire
>   e que a ventosa o sol
>   e que flagele o vento
> bossa redonda do meu nada

a pressão atmosférica ou antes a histórica
infla desmesuradamente meus males
embora deixe suntuosas algumas de minhas palavras[38]

Se um jovem martinicano lhe perguntasse o que ele deve ler para descobrir quem ele é, o que lhe aconselharia?
A cultura universal. Tudo deve nos interessar: o grego, o latim, Shakespeare, os clássicos franceses, os românticos etc. Cabe a cada um fazer o esforço pessoal para achar uma resposta. Nenhum de nós está à margem da civilização universal. Ela existe, ela está aí e ela pode nos enriquecer, ela pode também nos perder. Cabe a cada um fazer o trabalho.

---

38   A. Césaire, "Calendrier lagunaire [Calendário lunar]", in *Moi, laminaire*, in *Anthologie poétique*, Paris: Imprimerie Nationale, 1996, p. 233-234. [Ed. bras.: *eu, laminária*, trad. Lilian Pestre de Almeida, Rio de Janeiro: Papéis Selvagens, 2022.]

Em sua obra teatral, aparece frequentemente a figura do rebelde, a figura prometeica que desafia o tempo e os homens. O senhor se reconhece nessa figura?

Eu sempre tive fama de rabugento. Nunca aceitei as coisas pura e simplesmente. Recordo-me de uma cena na escola primária. Eu estava sentado ao lado de um garotinho, a quem perguntei: "O que você está lendo?" Era um livro: "Nossos ancestrais, os gauleses tinham os cabelos loiros e os olhos azuis..." "Cretino", eu disse, "vai se olhar no espelho!" Não formulava em termos muito filosóficos, mas há certas coisas que eu nunca aceitei, e nem aguentei a contragosto.

Quando falo de situações insuportáveis, penso primeiro na mediocridade da vida colonial: "Senhor governador, senhor delegado, meu coronel, meu general etc." Na vida há coisas que a gente não tolera muito bem, e, se todos fazemos um esforço, é porque sentimos que é urgente fazer nascer outra civilização. Não é muito original, mas é verdadeiro: é necessário outro mundo, é necessário outro sol, é necessária outra concepção da vida. Isso é feito com o esforço coletivo. Nesses últimos tempos – não há nada de novo no que eu digo aqui –, tudo o que sonhavam os filósofos se acabou com um terrível desapontamento. A última coisa que se imaginaria é o comunismo... é preciso ir novamente rumo a outro mundo que afirme a recusa da violência, a recusa do ódio e o respeito ao homem, seu florescimento.

O senhor deu ao Haiti um lugar importante na sua obra e escreveu um ensaio sobre Toussaint Louverture. O senhor foi ao Haiti muito cedo na sua carreira, como se passou esse encontro?

Eu era ainda jovem quando fui lá pela primeira vez. Encontrei intelectuais, muitos bem brilhantes, mas verdadeiros canalhas. Quando visitava o país, eu via os negros com suas enxadas, trabalhando muitas vezes como animais acorrentados e me falando crioulo com um sotaque formidável e de maneira muito simpática. Eles não entendiam o francês. Eram de uma grande verdade, mas patéticos. Como fazer para reunir esse mundo de intelectuais e camponeses, realizar uma verdadeira fusão? Seria simplista dizer que os camponeses têm razão; é mais complicado que isso. Mas, em *A tragédia do rei Christophe,* eu descrevo as dificuldades de um homem que deve conduzir um país como o Haiti, país muito complexo, e há certamente algo disso nas Antilhas francesas.

Toussaint Louverture me intrigou, e logo me peguei pensando na Revolução Francesa. É preciso partir da Revolução Francesa para se chegar a Toussaint Louverture. É um conjunto. Ao longo de minha pesquisa, não encontrei nada de realmente pertinente, mesmo nos grandes livros sobre a questão colonial durante a Revolução Francesa. Ora, a colonização não é *um* capítulo dessa história, mas, ao contrário, é algo fundamental. Sem ser historiador, eu me pus a estudar a Revolução Francesa; se existe um problema capital sobre o qual se chega ao impasse com a maior leviandade, mesmo os especialistas, é o problema colonial.

Eu voltei às raízes e desenvolvi uma ideia muito diferente daquela que a gente encontrava, mesmo sob a pluma de historiadores de verdade. Eu também tenho uma especialidade: eu sou Negro. Eles têm sangue branco; eu sou de sangue negro. E nós temos um ponto de vista muito diferente; eu tenho, portanto, outra concepção da Revolução Francesa, outra concepção de Toussaint Louverture e outra concepção do Haiti. Elas podem ser boas ou ruins, mas são as minhas.

Há muito de mim no livro sobre Toussaint Louverture, que é, eu acho, de uma uma grande sinceridade. Tenho a velha mania de dividir meus textos em três partes. Primeiro, a Revolução Francesa, no Haiti. Os próprios Brancos se revoltaram. Chamo esse momento de: "O levante dos grandes Brancos", porque eles tinham interesses a defender.[39]

---

39 Grandes Brancos: nome dado aos grandes proprietários nas sociedades de plantio. (N.A.)

Alguns franceses lutaram contra esse levante. Por isso, eles convocaram uma classe já presente e da qual não se falava muito: os mulatos,[40] homens de cor livres. Esses últimos tomam posse do movimento. Rapidamente, percebe-se que se trata de uma classe, que eles defendem interesses de classe. Lutam contra os Brancos, mas falam negro[41]. Temos, então, duas classes: os grandes Brancos e os mulatos, que não notam que existe outra classe, a dos escravizados negros africanos. Para eles, não é nem um levante, nem uma revolta, é a revolução. A Revolução Haitiana é uma revolução negra.

Três tempos, portanto: o levante, depois a revolta dos mulatos, que permanece inacabada, e enfim a revolução, quando a maioria da população negra toma a palavra. Essas etapas culminam com a chegada de Toussaint Louverture. Após a revolução, os problemas perduram, pois não lhes foi dada a solução. Há um problema de classe e, de maneira subjacente, um problema de raça, porque a classe, vê-se bem aqui, costuma depender da raça. Não é claro, não é límpido, não é

---

40 Ver nota 29, p. 30.

41 Este é um modo muito particular de Césaire de usar o idioma. No original: "*Ils luttent contre les grands Blancs, mais ils parlent nègre.*" Trata-se da questão que perpassa toda a sua vida: o *nègre essentiel*, o negro essencial. Com isso, Césaire afirma que eles falam essencialmente uma linguagem negra. (N.T.)

franco, mas eu acho que é subjacente mesmo assim. Após a revolta negra, um regime foi instaurado, um regime muito antilhano: uma maioria de mulatos estava nos comandos da administração, e, ao longo do tempo, a classe mulata continuou a exercer o poder. De tempos em tempos, apareciam movimentos negros que resultavam em ditaduras.

A solidão do poder que o líder dos movimentos de emancipação colonial acaba por encontrar é um tema recorrente em sua obra.

Com efeito, eu penso que essa solidão existe. Quando fui ao Haiti, constatei muitos problemas. Era apropriado não falar deles, mas eu os via, pois sou um homem de cor. Mas o que podiam os haitianos? Quais eram seus meios? Eu não sabia. Encontrava pessoas simples e corajosas, mas as sentia impotentes. Tudo o que eles faziam era superficial em relação a essa sociedade terrivelmente complexa, em situações às vezes trágicas. Um dia, em um grupo, encontrei um homem que me pareceu tímido, muito reservado: era o doutor Duvalier, o Papadoc. Ele não falou de política. Tinha um ar intelectual, bem calmo, mas na realidade uma terrível ambição habitava esse homem. Mais tarde, em Aristide, vi um intelectual, um homem muito sensato, mas de forma alguma um líder, absolutamente não. Quando veio até a Martinica, ele fez um discurso quase acadêmico.

No Haiti, vi sobretudo o que não fazer! Um país que tinha pretensamente conquistado sua liberdade, sua independência, e que eu via mais miserável que a Martinica, colônia francesa. Os intelectuais praticavam "intelectualismo", eles escreviam poemas, tomavam suas posições sobre esta ou aquela questão, mas sem relação com o próprio povo. Era trágico, e isso poderia muito bem acontecer conosco também, na Martinica.

Foi depois dessas experiências que escrevi *A tragédia do rei Christophe*. Essa peça deve igualmente muito à excursão que fiz ao Cabo Haitiano.[42] Christophe foi apresentado como um homem ridículo, um personagem que passava seu tempo a arremedar os franceses. Acentuamos esse aspecto, bem real, mas eu também sou um negro, e esse negro não tinha só um lado "papagaio". Havia também um pensamento profundo, uma angústia real: eu quis perfurar o grotesco para achar o trágico.

---

42 Cabo Haitiano: antiga capital de São Domingos, situada ao norte da ilha, e do reino do rei Christophe, que participou da sublevação do Haiti ao lado de Toussaint Louverture. Feito general em 1802, ele fomentou, em 1806, um golpe de Estado contra Dessalines, que se proclamara imperador Jacques I. Christophe governou a parte norte da ilha (o sul ficando nas mãos de Pétion), primeiro como presidente eleito, depois como rei, sob o nome de Henri I. Ele criou uma nobreza, mandou construir o palácio de Sans Souci e a fortaleza de La Ferrière, que Césaire visitou. Christophe se suicidou em 1820, durante uma missa numa igreja que ele havia mandado construir. (N.A.)

A tragédia do rei Christophe não é uma comédia, é uma tragédia bem real, pois é a nossa. O que faz Christophe? Ele instaura uma monarquia; quer imitar o rei da França e se cerca de duques, de marqueses, de uma corte. Tudo isso é grotesco; mas, por trás desse decoro, por trás desse homem, há uma tragédia que levanta questões profundas sobre o encontro das civilizações. Essas pessoas tomam a Europa como modelo. Ora, a Europa zomba loucamente deles. É uma obviedade.

É assim que imaginei essa corte – as pessoas acreditavam estar na corte do rei da França. Christophe coloca o manto real,

CHRISTOPHE
Ai! Ai! Que é que está mordendo a minha panturrilha?

[E aí, era o bobo da corte. É Hugonin, é ele o rufião, saindo de baixo da mesa.]

HUGONIN
Au, au, au! Eu agora sou o cão de Sua Majestade, o cachorrinho de Sua Majestade, o bichano de Sua Majestade, o mastim, o dogue de Sua Majestade!

CHRISTOPHE

Um cumprimento que machuca a canela! Vai deitar, imbecil!

[É o bufão, e ele costuma estar perto da verdade.]

PRÉZEAU

Uma mensagem, majestade. Uma carta de Londres enviada pelo *Sir* Alexis Popham.

[Esse homem, Wilbeforce, é, se você quiser, o ancestral de Schœlcher, é o Schœlcher do século XVIII. Ele era negrófilo.]

CHRISTOPHE

Meu nobre amigo Wilbeforce! Meus parabéns pelo aniversário de meu coroamento!... Ah... Ele me escreve que me está me inscrevendo em várias sociedades científicas, assim como na sociedade da Bíblia Inglesa (risos). Hein, arcebispo? Que mal há nisso? Mas, Wilberforce, o senhor não me apresenta nada de novo e não é o único a raciocinar assim. "Não se inventa uma árvore, planta-se! Não se extrai dela os frutos, deixa-se que ela os dê. Uma nação não é uma criação, mas um amadurecimento, uma lentidão, ano a ano, anel por anel." Tem as boas! Ser prudente! "Semear", ele me diz, "os grãos da civilização." Sim. Infelizmente ela cresce devagar, trovão! *Dar tempo ao tempo.*

Mas nós não temos o tempo de esperar, pois se é precisamente o tempo que nos pega pelo pescoço! Sobre o destino de um povo, colocar-se ao sol, à chuva, às estações, ideia esquisita!

MADAME CHRISTOPHE
Christophe!
Eu sou apenas uma pobre mulher,
Fui serva, eu a rainha no Albergue da Coroa!
Uma coroa sobre a minha cabeça não fará que eu me torne
outra além da simples mulher,
a boa negra que diz a seu marido
cuidado!
Christophe, querendo colocar o telhado de uma casa em outra casa
ele cai para o lado de dentro ou fica grande!
Christophe, não peça tanto dos homens e de si mesmo, não peça tanto!

Não é muito martinicano isso? Eu quase consigo visualizar a pessoa que acabo de descrever. [Césaire retoma Madame Christophe imitando uma voz "de mulher".]

E, além disso, eu sou uma mãe
e quando às vezes te vejo em cima do cavalo
com teu coração fogoso
o meu comigo
tropeça e digo a mim mesma:
tomara que um dia não meçam os infortúnios
dos filhos com a desmesura do pai.
Nossas crianças, Christophe, pensa nas nossas
crianças.
Meu Deus! Como vai acabar tudo isso?

CHRISTOPHE
Eu peço muito aos homens! Mas não o suficiente
aos negros, senhora! Se tem uma coisa que me ir-
rita tanto quanto o propósito dos escravagistas, é
ouvir nossos filantropos clamarem, com a melhor
das intenções, certamente, que todos os homens
são homens e que não há nem Brancos, nem
Negros. É pensar em seu próprio favor, e fora do
mundo, senhora. Todos os homens têm os mesmos direitos. Com isso eu concordo. Mas no senso
comum alguns têm mais deveres que outros. Aí
está a desigualdade. Uma desigualdade de convo-
cações, entende? A quem farão acreditar que todos os homens, eu digo todos, sem privilégio, sem

exoneração particular, conheceram a deportação, o tráfico, a escravidão, o rebaixamento coletivo a animal, o total ultraje, o vasto insulto, que todos receberam no corpo, na cara, o ignominioso escarro! Só nós, senhora, me entende, só nós os negros! Então, ao fundo do fosso! É bem assim que eu entendo. No mais fundo do fosso. É lá que nós gritamos; de lá que aspiramos ao ar, à luz, ao sol. E, se quisermos subir de novo, veja como nos são impostos, a nós, o pé que prepara o salto, o músculo que se contrai, os dentes que se cerram, a cabeça, oh! A cabeça, larga e fria. E é por isso que é preciso pedir aos negros mais que aos outros: mais trabalho, mais fé, mais entusiasmo, um passo, outro passo, ainda outro passo e assim conquistar cada passo! É de um reerguer-se jamais visto que eu falo, senhores, e coitado daquele cujo pé fraqueja.

MADAME CHRISTOPHE
Um rei, assim seja!

Christophe, sabe como, na minha pequena cabeça crespa, eu compreendo um rei?

Bom! É no meio da savana devastada de um rancor de sol, a folhagem alta e redonda da grossa cajazeira sob a qual se refugia o gado sedento de sombra.

Mas você? Mas você?

Às vezes me pergunto se você não está se adiantando demais em empreender tudo,

em consertar tudo,

a imensa figueira que cobre toda a vegetação ao redor

e a sufoca!

CHRISTOPHE
Essa árvore se chama figueira maldita. Pense nisso, minha mulher. Ah, eu exijo demais dos negros. Vejam, ouçam, em algum lugar à noite o atabaque bate. Às vezes à noite meu povo dança, e é assim todos os dias.[43]

A Senhora Christophe nos chama para o bom senso. Minha avó se exprimia dessa maneira. Eu escrevi a partir do que eu conhecia. Imagine, naquela época, uma mulher que tinha sido escravizada. Ela podia ser tenta-

---

43 A. Césaire, *La tragédie du roi Christophe*, 1963, p. 57-60. [Ed. bras.: "A tragédia do rei Christophe", in A. Césaire, *Textos escolhidos: A tragédia do rei Christophe, Discurso sobre o colonialismo, Discurso sobre a negritude*, trad. Sebastião Nascimento, Rio de Janeiro: Cobogó, 2022.]

da pela resignação, pela prudência. É totalmente compreensível. Na verdade, trata-se de uma tragédia antiga.

Senghor e eu pensávamos que era preciso falar para as pessoas, mas como se dirigir a elas? Não era com poemas que eu ia falar às massas. Pensei: "E se fizéssemos teatro, para expor nossos problemas, encenar nossa história para a compreensão de todos?" Estávamos saindo da história tradicional que sempre foi escrita pelos brancos. Eu não tenho nenhuma ambição de solução. Não sei aonde vamos, mas sei que é preciso cavar. É necessário libertar o homem negro, mas é preciso também libertar o libertador. Há um problema em profundidade. Um problema do homem consigo mesmo.

Essa vertigem do poder que o senhor explora em A tragédia do rei Christophe, o senhor explora também em Uma temporada no Congo.

Os africanos aceitaram essa visão de Lumumba[44] na minha peça? Eu assumi riscos. Na ocasião da celebração da

---

44 Patrice Emery Lumumba (1925-1961) foi um intelectual e o principal líder político a lutar pela libertação do Congo, que entre 1908 e 1960 esteve sob o domínio da Bélgica. Após uma exitosa campanha, que resultou na independência do país em 30 de junho de 1960, Lumumba passou a ser perseguido. Foi capturado, torturado e morto em 17 de janeiro de 1961. No começo dos anos 2000, o governo belga reconheceu a autoria do assassinato. A história de Lumumba é o tema da peça, *Uma temporada no Congo*, de Aimé Césaire publicada em 1967. (N.T.)

independência, o rei Baudouin fez um discurso, depois alguém tomou a palavra de uma maneira que cortava os outros discursos oficiais. Tratava-se de Lumumba:

Quanto a mim, sir, eu penso nos esquecidos.

Nós os que fomos despossuídos, aqueles em quem bateram, que mutilaram, os que foram desprezados, em quem cuspiam na cara. Moleques de cozinha, moleques do quarto, moleques, como vocês dizem, lavadeiras, nós fomos um povo de moleques, um povo de sim-sinhô, e quem duvidava que o homem podia não ser homem basta olhar para nós.

Sir, todo o sofrimento que se podia oferecer, nós o sofremos. Toda a humilhação que se podia beber, nós a bebemos.

Mas, camaradas, o gosto pela vida eles não conseguiram tornar insípido na nossa boca, e nós lutamos com nossos parcos meios, lutamos durante cinquenta anos e agora: nós vencemos.

Nosso país agora está nas mãos de seus filhos.

Nossos este céu, este rio, este ar,

Nossos o lago e a floresta.

Nossos Karissimbi, Nyiragongo, Niamuragira, Mikéno, Ehu, montanhas ladeiras da palavra mesma do fogo,

Congoleses, hoje é um dia, grande.

É o dia em que o mundo acolhe entre as nações o Congo, nossa mãe

e sobretudo Congo nosso filho,

o filho de nossas vigílias, de nossos sofrimentos, de nossos combates.[45]

São ilusões de intelectuais. É uma tragédia. Não necessariamente histórica, mas que diz da impaciência. Assim, Lumumba diz ainda:

Eu odeio o tempo! Detesto o "tenham calma" de vocês! E depois: consolar! Para que consolar! Eu preferiria um homem que inquietasse, um inquietador! Um homem que tornasse o povo inquieto, como eu mesmo o sou, com o futuro que nos preparam os maus pastores![46]

---

45   A. Césaire, *Une saison au Congo*, Paris: Seuil, 1973, p. 30-31. [Ed. bras.: *Uma temporada no Congo*, trad., pref. e notas: João Vicente, Juliana Estanislau de Ataíde Mantovani e Maria da Glória Magalhães dos Reis, São Paulo: Temporal, 2022.]

46   Ibid., p. 112.

O senhor vê obstáculos, hoje, à solidariedade entre os povos negros?

É uma questão muito importante, angustiante. O destino da Libéria, o da Costa do Marfim são assustadores. Nós protestamos contra o colonialismo, reclamamos por independência, e isso resulta num conflito entre nós mesmos. É preciso realmente trabalhar pela unidade africana. Ela não existe. É assustador, insuportável. A colonização tem uma grande responsabilidade: é a causa original. Mas não é a única, porque, se houve colonização, isso significa que fraquezas africanas permitiram a chegada dos Europeus, seu estabelecimento.

Na época da colonização, achavam-se "tribos". Mas nós, os Negros, criamos uma unidade para ganhar independência. E, agora que somos independentes, uma guerra eclodiu; uma guerra de classes, que se degenerou em uma guerra de raças. Eu acho necessário fazermos esforços consideráveis para evitar cair nesse revés. A unidade continua à espera de ser inventada, forjada. Os africanos devem pelo menos se reconhecer como pertencentes ao mesmo continente, com um ideal comum, e lutar em conjunto contra um inimigo comum, procurando esse inimigo fora do país em vez de dentro dele.

Trata-se, aliás, de um continente muito rico, o que suscita muita ganância. Assim, a guerra na Serra Leoa foi alimentada pela avidez por diamantes. Com certeza, os europeus não deixaram de jogar com essas falhas, mas houve momentos em que os africanos o fizeram sem a ajuda dos europeus. E eu sempre pensei: "Meu Deus, se tivesse petróleo nas Antilhas, estaríamos presos a nossos poços para sempre."

O senhor fala com frequência de um "novo humanismo".

Mas também não vamos fazer catecismo. Quero tentar entender os problemas dos europeus, mas é preciso que eles compreendam os nossos, que são bem reais. Os africanos brigaram para ter um país, uma nação. Mas não é absolutamente em termos de nação que eu coloco o problema. O homem deve tentar entender o homem e, no que concerne à África, identifico os males; procuro as causas para ajudar a remediá-las. Você sabe, os martinicanos não são engraçados o tempo todo. No entanto, eu continuo a refletir. Quando uma mulher do povo vem se queixar, eu começo a lidar mal, depois vem o pensamento de que é preciso entendê-la, ver em qual situação ela se encontra. Eu busco, apesar de tudo, uma solução. É uma questão de atitude diante do sofrimento humano.

A educação pode ajudar a favorecer essa atitude. Infelizmente, a educação, tal como foi dada, tal como ainda é dada, costuma ser responsável. Onde Hitler aprendeu o racismo? E o fanatismo muçulmano não é perigoso? Penso que sim. Uma parte do islã é, inclusive, muito dura com a África. Certa vez, eu conheci um cabila; você tinha que ver a opinião dele sobre as pessoas de Argel, que ele considerava colonizadores. Os árabes foram colonizadores, dominadores e mercadores de escravizados.

Não dá para ficar achando que basta ser antilhano para que outro antilhano o ame. Eu me lembro da resposta de Pompidou a uma questão minha sobre a região do Caribe: "Senhor presidente, por que o senhor não faz uma região única com a Martinica e Guadalupe?" "Césaire, você acha que os guadalupenses gostam de você? Isso não vai dar certo." O homem deve respeitar o homem, ajudar o homem. Não tenho o direito de ficar insensível diante dos infortúnios desta ou daquela comuna guadalupense. É preciso ultrapassar esse tipo de segmentação. Cada parte do mundo tem direito à solidariedade universal.

Trata-se de saber se nós acreditamos no homem e se nós acreditamos no que chamam de direitos do homem. À liberdade, igualdade, fraternidade eu acrescento sempre identidade. Pois, sim, nós temos direito a ela. É nossa doutrina – nós, homens de esquerda. Nas regiões de além-mar, situações especiais foram impostas. Eu creio que o homem onde quer que se ache tem direitos enquanto homem. O respeito do homem me parece fundamental.

Pouco me importa quem escreveu o texto da Declaração dos Direitos do Homem e do Cidadão;[47] não estou nem aí, ela existe. Os críticos contra sua origem "ocidental" são simplistas. Em que isso me incomodaria? Eu sempre fiquei irritado com esse sectarismo, que encontrei até no meu próprio partido. É preciso se apropriar desse texto e saber interpretá-lo corretamente. A França não colonizou em nome dos direitos do homem. É possível falar qualquer bobagem sobre o que aconteceu: "Olha o estado desses infelizes. Seria um bem trazer para eles a civilização." Aliás, os europeus acreditam na *civilização*, enquanto nós acreditamos nas *civilizações*, no plural, e nas *culturas*. O progresso, com essa declaração, é que todos os homens têm os mesmos direitos, simplesmente porque são homens. E esses direitos, você os reclama para si e para o outro.

---

47 A Declaração dos Direitos do Homem e do Cidadão foi um documento fundamental da Revolução Francesa, proclamado em 26 de agosto de 1789 pela Assembleia Nacional Constituinte da França. Foi inspirado nas ideias iluministas e nos ideais de liberdade, igualdade e fraternidade, que impulsionaram a revolução. (N.E.)

O senhor defende o que chamam de "diálogo entre as civilizações"?

Sim, é preciso estabelecê-lo pela política e pela cultura. Temos de aprender que cada povo tem uma civilização, uma cultura, uma história. Temos que lutar contra um direito que instaura a selvageria, a guerra, a opressão do mais fraco pelo mais forte, o homem, o respeito devido ao homem, o respeito pela dignidade humana, o direito ao desenvolvimento do homem. Tudo bem, as fórmulas podem diferir com o tempo, com os séculos, com as compartimentações geográficas, mas, enfim, o essencial está aí.

Françoise Vergès e Aimé Césaire, Fort-de-France, 2004.

POSFÁCIO
POR UMA LEITURA PÓS-COLONIAL DE CÉSAIRE

Com essas entrevistas, eu quis demonstrar que é possível reler Césaire para além dos domínios habituais da crítica literária, do estudo da literatura francófona e da negritude, que resultaram em grandes trabalhos, mas que tendem a deixar no esquecimento o aspecto histórico e político de seus escritos. Propor uma leitura pós-colonial significa reler Césaire à luz das problemáticas trazidas pelas críticas pós-coloniais. O pós-colonialismo vem sendo malvisto na França, explicarei do que falo.

Pode-se datar a emergência de uma escola pós-colonial com o aparecimento nos Estados Unidos, em 1978, do livro de Edward Said, *Orientalismo*.[48] Rapidamente, ele

---

48 E. W. Said. *Orientalism: Western Conceptions of the Orient*, Nova York: Pantheon, 1978; Ed. fr.: *L'Orientalisme: L'Orient créé par l'Occident*, Paris: Seuil, 1996 [Ed. bras.: *Orientalismo: o Oriente como invenção do Ocidente*, trad. Rosaura Eichenberg, São Paulo: Companhia de Bolso, 2007.]

se tornou uma referência nas universidades; colóquios e publicações sobre ele foram organizados, seja para sustentar ou para refutar a tese central. Ainda hoje ele continua na bibliografia básica das universidades de língua inglesa (não somente nos Estados Unidos, mas também na Índia, na Ásia Oriental, na África).

A tese central desse trabalho não é, como se costuma pensar, reabilitar um Oriente malcompreendido pelos europeus e, portanto, retificar sua imagem. Said é muito mais radical: para ele, o Oriente não existe, ele é uma fabricação, uma ficção dos ocidentais elaborada no século XIX. Falar de oriental, de árabe ou de "muçulmano" para designar posições extremamente diferentes e dispersas no tempo e no espaço é absurdo, escreveu ele. As sociedades ditas "orientais" nunca existiram isoladamente; não existe, portanto, uma essência oriental. Como para todas as outras sociedades, sua cultura é híbrida, produto de inúmeros encontros e interações. Essa apelação genérica, o Oriente, não nos informa nada sobre essas sociedades. Ela teria sido inventada para satisfazer a necessidade dos europeus de reificar o outro, para fazer da terra do outro um espaço de atração exótica, de medo e de repulsão, e essas construções, prosseguia Said, continuam a operar muito depois de seus autores morrerem. Eu concordo com algumas das críticas formuladas contra o trabalho de Said – fazer com o Ocidente o que ele acusava de ter feito ao inventar o "Oriente", uma entidade fechada, vendo no texto literário apenas uma construção imperial do outro. Entretanto, concordo com outros: a convicção de que sua análise contém argumentos muito justos e que, sobretudo, permite renovar o estudo das relações entre a Europa e o mundo para além do discurso marxisante; pois ela mostra nitidamente que as representações têm numerosas incidências, não só no campo das imagens, mas também no das decisões econômicas e políticas. Assim, mais tarde, a reflexão de Said e as ferramentas epistemológicas que ele oferece permitiram à crítica das políticas de desenvolvimento demonstrar o quanto os programas de apoio respondiam, em suas próprias elaborações, às expectativas estereotipadas dos europeus com relação aos povos africanos, asiáticos etc.

Seguindo o caminho traçado por Said, a teoria pós-colonial se interessou primeiro pela literatura e pelas imagens, nas quais analisou, em termos de sintoma, a ausência ou a presença do *indígena*. Essa primeira etapa é a de uma revisão da falta, da ausência – ausência das mulheres, dos grupos étnicos, dos colonizados –, em textos que se pretendiam de caráter universal. Mas uma tal revisão não pode ter por objetivo último a ausência sem cair adiante no perigo de uma leitura retrospectiva na qual uma postura moral tomaria o lugar da crítica. Com o aperfeiçoamento do imperativo de localização – todo conhecimento deve estar "situado" –, o "giro linguístico", as noções de arqueologia e de genealogia foucaultianas em torno do par "saber-poder" e a necessidade de questionar como o Outro é produzido fizeram seu caminho, seja esse Outro mulher, colonizado, gay... A crítica pós-colonial entra em um diálogo com os textos clássicos e analisa a situação pós-colonial como produtora de sentido, e não como simples produto da colonização. A pós-colonialidade seria uma experiência descentrada do mundo, com suas temporalidades múltiplas. Postular a existência como um antes e um depois da colonização não esgota o problema das relações entre temporalidade e subjetividade na pós-colônia: é preciso pensar os momentos de transição e as durações de forma independente da temporalidade colonial, bem como se interessar pelas produções de sentido nascidas do empréstimo, da bricolagem. O pesquisador visa então descrever, sem o preconceito de uma hierarquia de valores, a maneira com a qual se fazem cruzamentos teóricos. A colônia não é esse espaço exterior à metrópole, mas um espaço que afeta ideias, representações, movimentos sociais e políticos na metrópole e vice-versa. A cidadania, a identidade nacional, as estratégias de representações, as práticas de inclusão e de exclusão são estudos à luz dessas interações metrópole-colônia.

Se é verdade que os trabalhos próprios ao campo pós-colonial sofreram muitas vezes de falta de rigor, confundindo imagem e realidade, eles mudaram, todavia, os estudos coloniais, que eram antes dominados pela abordagem historicista ou economicista, cujo determinismo fechava os ex-colonizados em uma temporalidade linear (Era Pré-Colonial, Período Colonial, Descolonização). Esse recorte cronológico permanece pertinente, mas não consegue cobrir a expansão dos itinerários do mundo pré-colonial e colonial. Essas observações provocaram uma "crise" em numerosas disciplinas e em particular no campo dos "estudos coloniais". Na ocasião do vivo intercâmbio em torno do texto de Didier Gondola, jovem universitário francófono radicado nos Estados Unidos, que declara em 1998: "o africanismo francês tem um certo atraso que não vai ser recuperado mundializando sua própria falha, mas varrendo a frente de sua própria porta"; numerosos foram aqueles que sublinharam as deficiências, as fraquezas, e as hipocrisias desse campo.[49] Mais recentemente, Catherine Coquery-Vidrovitch falou da necessidade de uma "história colonial repensada: esta permanece ainda muito atolada na memória, manchada de acordo com a nostalgia do homem branco ou, ao contrário, da epopeia colonial e da grandeza passada do império; [...] trata-se em primeiro lugar de construir um inventário e uma constatação: a cultura francesa é uma cultura colonial".[50] Uma nova geração de pesquisadores em língua francesa procura se distanciar de uma herança que cria obstáculos a um trabalho "construído a partir de todas as complexidades, de todos os olhares ao mesmo tempo convergentes e divergentes".[51] Entre esses pesquisadores, entretanto, numerosos são aqueles que creem poder se tornar os pioneiros desse campo que eles acabam de descobrir, mas ignoram os trabalhos que já existem em língua francesa, sem falar em toda a literatura em língua inglesa e espanhola. Vamos inevitavelmente assistir ao que Barbara Christian chamara tão justamente de

---

49 Disponível em <https://networks.h-net.org/h-africa>. Acesso em 2 maio 2024. (N.A.)

50 C. Coquery-Vidrovitch, "Préface", in S. Awenengo, P. Barthélémy e C. Tshimanga (ed.). *Écrire l'histoire de l'Afrique autrement?* [Escrever a história da África de outro modo?], Paris: L'Harmattan, 2004, p. 5-9.

51 Ibid., p. 6.

"*the race for theory*" (expressão que brinca com o duplo sentido da palavra *race* em inglês, "corrida" e "raça", e significando ao mesmo tempo "corrida pela teoria" e "raça como teoria"), quando nos Estados Unidos tantos universitários descobriram, de repente, a questão racial, nos anos 1980. Na França, vê-se emergir, sobretudo nesses últimos tempos, uma leitura literal do termo que faz acreditar que o *pós* de *pós-colonial* marca uma fronteira no tempo. Estamos longe da sutileza da pergunta que formula o filósofo Anthony Appiah em seu ensaio *The Postcolonial and the Postmodern*,[52] no qual falava do perigo de o pesquisador pós-colonial se tornar uma "*Otherness machine*", ou seja, de encarnar "o Outro" conforme as expectativas ocidentais e, assim, produzir texto e imagem pós-coloniais que não sejam tão diferentes do texto e da imagem coloniais. Nota-se, a posição é difícil de manter, e a maioria das críticas pós-coloniais se ocupa de clarificar por que e como eles utilizam essa noção. Eu me encontro nas fileiras daqueles que veem aí uma ferramenta, um piscar de olhos lembrando a situação de desigualdade na relação com o saber reconhecido; daqueles que se es-

---

52 K. A. Appiah, *In my Father's House: Africa in the Philosophy of Culture*, Oxford: Oxford University Press, 1992, p. 137-157. [Ed. bras.: *Na casa de meu pai: a África na filosofia da cultura*, trad. Vera Ribeiro, São Paulo: Contraponto, 2007.]

forçam para prosseguir com a desconstrução daquilo que o filósofo Valentin Mudimbe chamara de "biblioteca colonial" (*"colonial library"*), entendendo conter *todo o conhecimento sobre o outro*).

Os pesquisadores e as pesquisadoras pós-coloniais não cessaram de lembrar: a pós-colonialidade não indica o que veio depois da independência nacional, mas quer interrogar a problemática anticolonial tal como formulada nos anos 1960. Ela questiona duas promessas: a da Europa, na qual as Luzes se engajaram com os princípios de igualdade, liberdade e fraternidade, e a da nação tal como ela se expressa no nacionalismo dos movimentos de emancipação do Terceiro Mundo. A primeira promessa revelara, ao longo dos séculos, um fundo sombrio, o da exceção à regra, da exceção como regra a seus princípios: se todos os homens nascessem livres e iguais em direito, alguns o seriam *naturalmente*, enquanto outros deveriam *se tornar*. A segunda promessa, a de uma dignidade reencontrada, de um *novo humanismo*, reconduziu exclusões e produziu os flagelos da corrupção, do desperdício, da brutalidade, do abuso de poder que não podiam ser todos analisados como consequências do colonialismo. Frantz Fanon percebeu isso e denunciava, em um capítulo de *Os condenados da terra*, uma "burguesia nacional" ávida por seu apego aos privilégios e às riquezas dos colonizadores, desprezando o "povo" às vezes com mais violência que os antigos senhores. Longe de ser uma simples indicação temporal, a abordagem pós-colonial questiona, portanto, todas as formas de exclusão produzidas pela situação colonial e pelo momento nacional, que não são concebidas como momentos fechados em territórios de fronteiras rígidas, mas como lugares e temporalidades em interação com outros lugares e outras temporalidades.

A pós-colonialidade aplicada à situação francesa coloca em evidência a cidadania, obtida com longa luta, e põe em xeque sua dimensão normativa, revelando sua história conflituosa e de exclusão mascarada (operários, mulheres, colonizados excluídos dos direitos cívicos e sociais). Ela levanta a questão do lugar e do papel da colônia na elaboração da identidade nacional francesa, da doutrina republicana e da imagem que a França faz de si mesma. A colônia, na medida em que é constitutiva da nação francesa, não é um fator a mais ou um fator externo e sem sentido. O princípio colonial foi por tempo demais compreendido como a exceção, quando em realidade ele modela o próprio corpo da república. A pós-colonialidade opera uma desconstrução da leitura da história, fazendo, por exemplo, da escravidão não um período histórico determinado, mas uma estrutura de organização das relações humanas que se enuncia ao mesmo tempo nas relações sociais, no imaginário e nas relações com a terra, com o trabalho, com o tempo, com a existência. Ela analisa as novas formas de brutalidade e de violência em andamento na nova etapa de globalização e propõe práticas de solidariedade com os grupos e os povos submissos a essas violências. Permanece atenta a todas as formas contemporâneas de expressão artística e às mídias, cuja profusão está ligada a uma nova economia e a novas indústrias da cultura. O método de análise pós-colonial permite também ultrapassar a problemática do afrontamento binário imposta pelo colonialismo entre a colônia e a metrópole (sem para tanto negar as virtudes desse afrontamento; pois, como o assinala Gayatri Chakravorty Spivak,[53] com o essencialismo sendo uma estratégia política, há momentos em que é preciso afirmar antes de tudo a luta dos "condenados da terra"). Ultrapassa essa problemática ao se interessar por todos os fenômenos complexos que atravessam a sociedade

---

53 Gayatri Chakravorty Spivak é uma renomada acadêmica, crítica literária, filósofa feminista e pós-colonial indiana. Nascida em 1942, é conhecida por suas contribuições nos campos dos estudos culturais, estudos pós-coloniais, teoria feminista e teoria da literatura. (N.E.)

pós-colonial sem os definir *a priori* como o resultado do afrontamento binário. A crítica pós-colonial questiona o ideal universalista abstrato da Europa, mas também a política do Estado pós-colonial que tende a querer apagar as contradições e os conflitos e que, antes de tudo, desejoso de escapar à análise crítica, encontra meios de ver no passado colonial a raiz de todos os seus problemas. Em outros termos, a crítica pós-colonial afirma: "O diálogo e a crítica se instauram no interior de todas as entidades (doravante rachadas, fendidas, impuras) entre aqueles que são levados pela disseminação e travessia das fronteiras e aqueles que se pendem nas clausuras da taxonomia local."[54]

A teoria pós-colonial pegou muitos empréstimos das disciplinas das ciências sociais e humanas, sejam elas a antropologia, a sociologia, a história, a psicanálise ou a crítica literária. O estruturalismo, o pós-estruturalismo e o que chamamos de pós-modernidade foram grandes influências para ela. É exatamente isso que a fez ser questionada. Ela foi acusada de elitismo, de indiferença culpada pela economia, de confusão entre texto e realidade, portanto de ser uma deriva culturalista, teoris-

---

54 A. Meddeb, "Ouverture" [Abertura], *Dedale*, n. 5/6, p. 9-16, 1997, p. 12.

ta e diferencialista.[55],[56] Pode-se chamar, indagam seus detratores, de "teoria" algo que defende o empréstimo, a bricolagem, e que utiliza uma noção proveniente da crítica literária para analisar um acontecimento histórico? O pós-colonial parece sempre poder se sustentar sob os argumentos de que uma noção não é utilizada em certo sentido, mas em outro, e que de todo modo tudo se interpenetra. Essas críticas, em sua maioria pertinentes, sublinham a fraqueza de certas análises pós-coloniais que tendem a ver o mundo somente sob a forma de representações, como se nem a economia, nem a política, nem o social tivessem importância. Para os pesquisadores pós-coloniais, essa marginalização do socioeconômico e do político se justificava em um primeiro momento em nome da rejeição ao marxismo determinista e da teoria da colonização e da descolonização cuja complexidade das situações era minimizada por ambos, qualquer cruzamento dos conteúdos e das formas, em uma visão de ambos os lados maniqueísta,

---

55 S. Dulucq, "Critique postmoderne, postcolonialisme et histoire de l'Afrique subsaharienne: vers une 'provincialisation' de l'historiographie francophone?" [Crítica pós-moderna, pós-colonialismo e história da África subsaariana: rumo a uma 'provincialização' da historiografia francófona?] in S. Awenengo et al., *Écrire l'histoire de l'Afrique autrement?* [Escrever a história da África de outra maneira?], 2004, p. 220.

56 Não darei aqui a lista, muito numerosa, dos textos críticos em língua inglesa como respostas a essas críticas. A crítica trata em resumo do caráter insuficientemente "materialista" dos trabalhos em teoria pós-colonial. (N.A.)

não suficientemente política, quer dizer, não suficientemente atenta às áreas de sombra. Entretanto, seria uma pena ignorar seus avanços.

Os pesquisadores e as pesquisadoras pós-coloniais se aplicam em descentrar o olhar para compreender como se formam as estratégias de identificação racial, étnica, sexual e política em contextos de contatos violentos, quiçá de conflitos, entre sistemas de identificação colocados em situação de contato, mas em posição desigual. Eles procuram compreender como, em momentos de transição brutal e acelerada, os indivíduos desenvolvem recursos e formas e de solidariedade a fim de manter, por pouco que seja, a ideia de que o mundo ao redor continua sob controle. Esses recursos podem achar formas tidas como reacionárias pela Europa esclarecida, mas eles devem ser analisados como discursos ricos de sentidos. O objetivo desses pesquisadores e dessas pesquisadoras, como já disse, é também reler os textos políticos europeus para propor a partir daí uma reinterpretação que leve em conta a experiência da exceção, do arbitrário, da pilhagem e da violência como estrutura do político em situação colonial, de ditadura, de *apartheid* ou de reestruturação econômica, de modo que uma situação assim não seja mais lembrada como excepcional, mas, ao contrário, analisada como um momento estruturante.

A noção de "pós-colonialidade" busca tornar visíveis as novas cartografias dos poderes, das zonas de contato entre metrópole e colônia e entre as próprias colônias. O mundo atual, que passa por profundas mutações, pede que ferramentas conceituais sejam forjadas, que levem em conta a história dos impérios e sua queda. A teoria pós-colonial busca compreender essas novas mutações: migrações massivas e aceleradas, desestruturação social, ressurgência de políticas em que a brutalidade e a força são o direito, retirada identitária, explosões de violência, hegemonia do discurso da economia liberal de mercado, segundo a qual tudo é mercadoria, tudo está à venda. A teoria pós-colonial se quer transdisciplinar, atenta às expressões marginais, às "minorias", aos novos lugares de resistência (música, artes plásticas, culturas urbanas etc.), preocupada em observar as novas formas de poder e de exploração, a emergência de regiões, de novas rotas de intercâmbio, de cidades cosmopolitas. A história não pode ser linear e, porque a história colonial fez do deslocamento, do exílio seu princípio de organização, a nação não pode mais ser a referência suprema, e a raiz não deve ser desvalorizada nem celebrada.

Não se trata de opor *tradição* e *modernidade*, mas de sublinhar a interação entre esses dois campos, a coexistência de tradições na modernidade, como a possibilidade de ter uma modernidade trabalhada pela tradição. O antropólogo Alfred Krœber insistia, já em 1952, sobre "a troca de material cultural entre as civilizações"[57], notando que nenhuma civilização é objeto estático, mas é trabalhada por processos de fluxos, de trocas. Arjun Appadurai[58] propôs em seguida analisar a economia global em termos de *flows* (fluxos) e de *scapes* (paisagens), aplicados às mídias, às técnicas, ààs finanças, às imagens, às etnias (*etnoscapes*, *mediascapes*, *tecnoscapes*, *finanscapes*, *ideoscapes*). A noção de fluxo é importante, pois ela rompe com a ideia de um pensamento estático, rígido, que não seria trabalhado senão pelo lado de fora. As pesquisas sublinham a porosidade das fronteiras entre os grupos, a capacidade de adaptação, de improvisação de grupos que não detêm o poder econômico ou político. O que a noção de fluxo procura sublinhar é o aspecto *transnacional*, *transcontinental* em oposição à ideia de uma identidade nacional etnicizada, pura, inalterada. *Transculturação*, *mestiçagem*, *hibridação*, *crioulização*: uma série de noções foi proposta

---

57 Alfred Kroeber, *The Nature of Culture* [A cultura da natureza], Chicago; Londres: The University of Chicago Press, 1952.

58 Arjun Appadurai, "Disjuncture and Difference in the Global Cultural Economy" [Disjunção e diferença na economia cultural global], in Mike Featherstone (ed.). *Global Culture: Nationalism, Globalization and Modernity* [Cultura global: nacionalismo, globalização e modernidade], Londres: Sage Publications, 1990, p. 295-310.

para descrever os processos e as práticas culturais de empréstimo, de bricolagem.

Esse giro trazido pela crítica pós-colonial é fecundo. Contrariamente a uma corrente etnocêntrica ou de retorno ao nativismo que rejeita toda a colaboração do Ocidente, a teoria pós-colonial faz uma leitura cruzada dos textos, dá atenção às temporalidades que se encadeiam entre Ocidente e Oriente, recusa-se a ver a história do mundo como aquela de um combate entre o bem e o mal. A teoria pós-colonial insiste na interação entre metrópole e colônia: esta última não é o receptáculo passivo das leis e das decisões coloniais, ela é também o laboratório de leis de exclusão, de técnicas de disciplina e de punição das populações, ela afeta em contrapartida uma metrópole às vezes mais liberal nos costumes e nas ideias, às vezes mais repressiva. A República francesa, a identidade nacional francesa, a expressão literária e artística não são constituídas de maneira inteiramente impermeável à colônia. A figura do cidadão esconde a do não livre, do escravizado, e se serve disso para se constituir como tal, a figura do indivíduo livre, autônomo e racional. Por seu lado, o liberto pega um empréstimo da concepção do cidadão para se constituir como homem livre e igual em direitos e deveres. Se partíssemos da experiência do colonizado, não é uma leitura binária do mundo que se depreenderia (colonizador *versus* colonizado), ainda que esta seja necessária num primeiro momento, mas uma visão complexa das forças em presença, das interações, das influências, dos momentos de conversa e das diferenças que, longe de remeter a uma incapacidade de apreender o universal, contribuem para a compreensão do mundo. O estudo desses empréstimos, dessas interações, dessas indiferenças também privilegia uma pesquisa em fontes diversas e plurais. Uma vez que eu venho de uma ilha que não ocupa nenhum lugar na narrativa nacional, a Reunião, ilha colonizada pela França sem passado pré-colonial, proveniente da escravidão e da servidão por contrato,[59] é importante para mim ultrapassar as problemáticas tradicionais dos estudos coloniais e reconhecer a porosidade das fronteiras, a influência das forças regio-

---

59 Servidão por contrato é o nome dado ao sistema de imigração por contrato organizado após a abolição da escravidão. A França saiu à procura dos trabalhadores "engajados" no sul da Índia, da China e mesmo em alguns países africanos; eles assinavam um contrato em que aceitavam trabalhar por cinco anos nas plantações, ficando livres depois disso para retornar a seus países respectivos. O contrato raramente foi respeitado, e as condições de vida e de trabalho dos engajados eram próximas às dos escravizados. Numerosos engajados ficaram nas terras para onde haviam sido enviados, o que explica a presença indiana e chinesa nas colônias francesas das Américas e do oceano Índico. (N.A.)

nais e não somente das europeias no desenvolvimento de situações pós-coloniais. Achille Mbembe escreve:

> Da pós-colônia, há que se dizer que ela é uma época de encaixotamento, um espaço de proliferação que não é somente desordem, acaso e desrazão; que não é tampouco impenetrável e imóvel, mas que ela ressurge de um sopro violento e de seus modos de resumir o mundo.[60]

Essa transversalidade das problemáticas é muito importante. Ela permite que não cedamos à tentação tão grande para quem estuda o colonial e o pós-colonial de constituir um sistema fechado, no qual ressentimento, indignação, denúncia e vitimização moldam a análise. Minha abordagem é totalmente outra: ela vai ao encontro de uma tradição enraizada no discurso público e ainda muito presente no discurso universitário, que limita a análise política e cultural das sociedades colonizadas mais antigas a uma acusação da colonização. A noção de alienação cultural e o paradigma do neocolonialismo convergem para trazer à cena um mundo de bons

---

60 Achille Mbembe, *On the Postcolony* [Na pós-colônia], Berkeley; Los Angeles; Londres: University of California Press, 2001, p. 242.

e maus, onde os papéis são para sempre fixos: o antigo poder colonial teria feito tudo para impedir a emergência de um sujeito verdadeiramente livre e autônomo, ele sustenta os tiranos locais; a população é ora manipulada, ora inocente e vítima. O nativismo é uma expressão dessa reescrita da história em que a inocência e a pureza primeira dariam ao passado colonial uma dimensão ainda mais assassina, ainda mais criminosa. O argumento principal do nativismo gira em torno da noção de autoctonia, da defesa da ideia segundo a qual cada formação teria sua cultura, sua historicidade, sua própria maneira de ser, sem nenhuma influência externa: haveria uma essência a ser reencontrada. A colonização é então vivida como um parêntese, uma ferida que deve ser curada, um vazio a se preencher.

Não dá para elaborar uma crítica do colonialismo como sistema político do exercício do poder, de organização econômica e social e de representatividade permanecendo em uma postura essencialista ou moral. A moral não é conhecimento, e a ideia de que os homens seriam bons, mas equivocados, não nos ajuda em nada. A democracia é pluralista, e não monista, e aqueles que herdaram o mundo colonial por sua experiência da dupla consciência, do multilinguismo, do plurirreligioso e do pluriétnico têm uma contribuição importante na relação entre democracia e diferença cultural. A escalada da etnicização da memória, da ideologia vitimária que psicologiza e individualiza situações políticas complexas, e os contradiscursos, cuja função é lutar contra o discurso ocidental enquanto se reconstrói o "autêntico", o "puro", não somente carecem de originalidade, mas também concebem o sujeito como ser à parte e não como ser no mundo. No discurso nativista, o passado é imaginado como lugar onde jaz a verdade de si, falsificada pela violência colonial: bastaria tomar o contrapasso do cosmopolita, da mistura, do universal para reencontrá-la, intacta. Para tanto, não adianta cair no perigo inverso e celebrar o cosmopolita, a mistura, o entre-dois esquecendo o conflito, a violência, a crueldade, a desigualdade. A visão de uma alteridade naturalmente aceita e a certeza de que a harmonia social reinaria uma vez concluída a mestiçagem vêm de uma idealização das relações sociais e de uma negação das tensões que atravessam toda a sociedade. O crescimento histórico da barbarização mundial, do desmoronamento social e das guerras securitárias – a guerra como modo de vida em numerosas regiões do mundo – conduzem-nos a recusar fazer parte dessa idealização. O mundo colonial era também um mundo complexo, e ele não era isolado nem impermeável às correntes de ideias e às ideologias importadas, reinterpretadas. A tendência a ver o mundo pós-colonial como inteiramente determinado pela herança do passado colonial e pela herança das decisões dos países industrializados ou das multinacionais ignora nada menos que as novas rotas de trocas e encontros, de contatos e conflitos que fazem emergir novas cartografias regionais – com rotas por onde circulam ideias políticas, discursos religiosos, capital financeiro e cultural, técnicas de representação e de identificação em que se traficam seres humanos, armas, pedras preciosas. E o que me interessa são essas rotas que retomam o traçado de antigas vias de comércio ou de diásporas, ou que desenham novos caminhos.

A teoria pós-colonial quis complexificar as abordagens; desconfiando das oposições binárias, ela quis insistir no entre, na troca, no contato. O colonizado sempre fala pelo menos *duas* línguas, sempre conhece pelo menos *duas* culturas; mas isso ninguém considera uma riqueza, pois uma das duas línguas, uma das duas culturas não conta, é marginalizada, ignorada, desprezada. Essa riqueza, entretanto, deve ser reapropriada. *A multiculturalidade, o plurirreligioso, a mestiçagem, a hibridação, são a experiência do colonizado* pois "a obrigação molda entre os sobreviventes uma receptividade particular, uma flexibilidade na prática social, uma mobilidade do olhar e da percepção, uma aptidão para combinar os fragmentos mais esparsos".[61]

A abordagem pós-colonial permite escapar da tentação do bem, presente no discurso da descolonização e na pesquisa em torno do colonialismo e da descolonização, assim como permite escapar dos discursos que falam em redenção, renovação, em tábua rasa do passado diante de um futuro melhor em que o mal (o poder colonial) teria sido embasado pelo bem (encarnado pelo povo). Também seria preciso refutar, ao mesmo tempo, o modelo biológico da história da humanidade (infância-florescimento-decadência) – segundo o qual os povos colonizados estavam na infância –, a teoria da desigualdade das raças humanas e a ideia de uma missão civilizatória, bem como é preciso saber criticar o discurso e as ideologias da descolonização. Aimé Césaire cedeu a uma tentação e, no *Discurso sobre o colonialismo* (1955), opõe sistematicamente uma inocência e uma grandeza dos povos colonizados e a brutalidade criminosa dos colonizadores. Ele lança afirmações que

---

61 S. Gruzinski, *La pensée métisse*, Paris: Fayard, 1999, p. 86. [Ed. bras.: *O pensamento mestiço*, trad. Rosa Freire Aguiar, São Paulo: Companhia das Letras, 2001.]

enfraquecem seu argumento: a colonização "destruiu as admiráveis civilizações indígenas" dos astecas e dos incas;[62] mas se poderia retorquir que, mesmo admitindo que essas civilizações não tenham sido "admiráveis", teriam por isso merecido ser colonizadas? As economias das sociedades africanas pré-coloniais eram "naturais, harmoniosas e viáveis", escreve Césaire. "Eram sempre sociedades democráticas. Eram sociedades cooperativas, sociedades fraternais." Essas afirmações sugerem uma hierarquia das culturas e das sociedades, precisamente o que os anticolonialistas censuram em relação à Europa. Vê-se, Césaire não está livre de contradições. Contudo, ele não para aí, mas questiona a noção de pureza. Ele destaca a desigualdade profunda que estrutura o discurso europeu exatamente quando quer ser universal; ele interroga a violência fundadora que constitui a colonização e coloca o fato colonial no coração da Europa, e não na sua periferia. Nesse ponto, Césaire é um escritor pós-colonial.

Também é possível reler suas posições sobre o fato de ser negro em um mundo que criou essa cor, lhe deu um sentido muito preciso, marcando-a com o selo do racis-

---

62 A. Césaire, *Discours sur le colonialisme*, 2000, p. 19-21, 29. [Ed. bras.: *Discurso sobre o colonialismo*, 2020.]

mo, e de ver aí uma ultrapassagem da problemática que lhe assinala uma identidade étnica. O sociólogo brasileiro Livio Sansone cunhou uma expressão que me parece se aplicar ao discurso de Césaire: "*Blackness without ethnicity*"[63] (que poderia ser traduzida pela perífrase: "identidade negra sem identidade étnica"). Sansone propõe analisar *as* negritudes como formas de identidade transnacionais produzidas pela Passagem do Meio[64] (*Middle passage*, termo criado pelos afro-americanos para designar a viagem no navio negreiro entre a África e as Américas). Existiria uma "memória global" na qual os indivíduos apresentam estilos musicais, artísticos e linguísticos, em que a África seria utilizada como uma fonte de símbolos, de signos (*symbol bank*).[65] A identidade negra é assim concebida como sincrética e mestiça, e o mundo do Atlântico negro (*Black Atlantic*) lhe confere uma dimensão cosmopolita, bem afastada das fantasias de pureza. Ao escrever: "Minha negritude não é nem uma torre, nem uma

---

63 L. Sansone, *Blacknes without Ethnicity: Constructing Race in Brazil*, Londres: Palgrave, 2003. [Ed. bras.: *Negritude sem etnicidade: o local e o global nas relações raciais, culturas e identidades negras do Brasil*, trad. Vera Ribeiro, Salvador: Pallas, 2003.]

64 Ibid., p. 15.

65 Sobre esse aspecto, ver: S. Mintz e R. Price, *Anthropological Approach to the African-american Past: a Caribbean Perspective* [Abordagem antropológica do passado afro-americano: uma perspectiva caribenha], Philadelphia: Philadelphia Institute for the Study of Human Issues [Instituto da Filadélfia para o Estudo de Questões Humanas], 1976. (N.A.)

catedral",[66] Césaire indica que ele fala antes de tudo de uma experiência. Ele está consciente de que "a negritude comportou perigos, tendia a tornar-se uma escola, tendia a tornar-se uma igreja, tendia a tornar-se uma teoria, uma ideologia".[67] Seu "sou Negro" remete a uma realidade cotidiana: "Não é que eu creia na cor", diz Césaire, mas, em um mundo dividido entre "selvageria e civilização", onde a civilização remete a um único mundo – a Europa –, é preciso saber dizer "Sim, eu sou negro, o que é que tem?".[68]

A atitude de Frantz Fanon era mais política, menos "cultural". Ele se opôs, primeiro, ao racismo que aprisiona o homem negro (o vocabulário de Fanon, como o de Césaire, é exclusivamente masculino) em estereótipos, clichês, que quer sempre identificá-lo como "Negro", e nunca como "homem". "Não é o mundo negro que dita minha conduta. Minha pele negra não é depositária de valores específicos", escreve em *Pele negra, máscaras brancas*.[69] Césaire, por seu lado, dá à identidade cultural

---

66 A. Césaire, *Cahier d'un retour au pays natal*, 1983, p. 47. [Ed. bras.: *Diário de um retorno ao país natal*, 2012.]

67 Entrevista, Paris, 8 de dezembro de 1971, in L. Kesteloot e B. Kotchy, *Comprendre Aimé Césaire: l'homme et l'œuvre* [Entender Aimé Césaire: o homem e a obra], Paris: Présence Africaine, 1993, p. 203.

68 "Aimé Césaire à Maryse Condé", *Lire*, jun. 2004, p. 114-120.

69 F. Fanon, *Peau noire, masques blancs*, Paris: Seuil, 1952, p. 184. [Ed. bras.: *Pele negra, máscaras brancas*, São Paulo: Ubu, 2020, p. 239.]

e à história um lugar mais importante: "A identidade: eu lutei por isso [...] Sempre tive o sentimento de que pertenço a um povo. Eu não sou antifrancês. Em absoluto. Tenho uma cultura francesa. Mas sei que sou um homem que vem de um outro continente, sou um homem que pertence, que pertenceu a outra área de civilização, e sou daqueles que não renegam seus ancestrais."[70] Onde Fanon procura construir uma sociedade pós-racial, na qual a "cor" não é mais um identificador, Césaire reivindica uma sociedade em que o ser negro é possível sem que nenhum identificador negativo seja associado. Não é tampouco o sinal de um "mais", mas a reivindicação de uma história, a do tráfico negreiro, da escravidão e da dispersão pelo mundo afora. É por isso que a noção de *Blackness without ethnicity* é útil. A negritude é então uma "soma de experiências vividas", uma "comunidade de opressão tolerada", uma "maneira de viver a história na história: a história de uma comunidade cuja experiência chega, para dizer a verdade, de modo singular com as deportações de população, as transferências de homens de um continente a outro, as lembranças de

---

70 "Paroles de Césaire. Entretien avec K. Konaré et A. Kwaté, mars 2003" [Palavras de Césaire. Entrevista com K. Konaré e A. Kwaté, março de 2003], in *Césaire et nous: une rencontre entre l'Afrique et les Amériques au XIXe siècle* [Césaire e nós: um encontro entre a África e as Américas no século XIX], 2004, p. 9.

crenças distantes, os destroços de culturas assassinadas".[71] É uma "tomada de consciência da diferença como memória, como fidelidade e como solidariedade"; "recusa da opressão", a negritude é "combate", ela é também "revolta" contra "o sistema da cultura tal como se constituiu durante os últimos séculos", "contra o reducionismo europeu".[72] Afasta-se assim da celebração de um folclore, de uma África atemporal e eterna, aproxima-se de uma reflexão sobre o que significa a presença negra no mundo, para a Europa e para a África, evitando toda simplificação ou idealização. A questão racial é complexa, ambígua, e todo isolamento em si mesmo se torna outra forma de segregação.

Para cada experiência, Césaire se esforça em enfatizar que a confrontação a uma realidade que continua sendo complexa é inevitável. Assim, ele não faz da sociedade martinicana um porto de paz e de doçura. Nas entrevistas que concedeu, não cessou de repetir o quanto ficara "muito contente de partir" daquela ilha onde, em sua juventude, "tinha a impressão de estar sufocan-

---

71 Discurso sobre a negritude, Primeira conferência hemisférica dos povos negros da diáspora, 1987, Miami, Florida International University, Homenagem a Aimé Césaire. "Négritude, ethnicity et culture afro aux Amériques" [Negritude, etnicidade e cultura afro nas Américas], in A. Césaire, *Discours sur le colonialisme*, 2000, p. 81. [Ed. bras.: *Discurso sobre o colonialismo*, 2020.]

72 Ibid., p. 83-84.

do", de escapar dessa "sociedade estreita e mesquinha". Césaire não constrói uma infância crioula idílica, na qual a vida decorre no ritmo dos contos e das fábricas açucareiras. "Deixemos minha infância, ela não tem importância para mim... Paris era a promessa de vida; com efeito, eu não estava à vontade no mundo antilhano, mundo do invasor, do inautêntico."[73] Ir para a França era um "ato de libertação".[74] Mas a ilha permanece sendo a fonte de sua inspiração.

A dimensão transnacional do mundo negro e de suas produções culturais, sublinhada por numerosos pesquisadores, e que *O Atlântico negro* de Paul Gilroy tornou familiar, inscreve-se em uma problemática que recusa a crise identitária, traça uma cartografia de trocas e de contatos e propõe uma ética da solidariedade, "com nossos ancestrais negros e esse continente de onde somos provenientes e depois uma solidariedade horizontal entre todas as pessoas que de

---

73 J. Jos, "Aimé Césaire, negro greco-latino", in *Aimé Césaire: une pensée pour le XXIᵉ siècle* [Aimé Césaire: um pensador para o século XXI], Paris: Présence Africaine, 2003, p. 91-108.

74 Ver, por exemplo: F. Beloux, "Un poète politique: Aimé Césaire" [Um poeta político: Aimé Césaire], *Magazine Litteraire*, n. 34, nov. 1969; P. Louis, "Aimé Césaire, le Nègre fondamental" [Aimé Césaire: o Negro fundamental], *Le Point*, 20 jun. 2003, p. 102-104; R. Toumson; e S. Henry-Valmore, *Aimé Césaire: le Nègre inconsolé* [Aimé Césaire: o Negro fundamental], Paris: Syros, 1993, p. 31-32.

lá vieram e que têm em comum essa herança".[75] Essa abordagem, que transcende os particularismos, continua marginal na França, onde domina uma visão binária que leva a entender que falar de uma experiência negra é voltar a cair no "comunitarismo", pois o indivíduo deve se manter como um ser abstrato, sem história e sem cultura singular. Para Césaire, a "França sempre esteve atrasada nesse domínio" das identidades culturais e singulares, e é por isso que ela nunca soube repensar a ligação com os departamentos ultramarinos, onde a aspiração é a de "ser autônomo no sentido político do termo".[76]

Não se trata de fazer de Césaire um pós-colonial antes da hora. Seria ridículo, mas é o caso de insistir em uma abordagem cesairiana da pós-colonialidade, ao mesmo tempo modelada pelo colonialismo e escapando de seu alcance.

---

75 Paul Gilroy, *O Atlântico negro*, trad. Cid Knipel Moreira, São Paulo: Editora 34, 2001.

76 A. Louyot e P. Ganz, "Aimé Césaire: 'Je ne suis pas pour la repetance ou les réparations'" [Aimé Césaire: Eu não sou a favor do arrependimento e das reparações], *L'Express*, 13 set. 2001. Disponível em <www.lexpress.fr/culture/livre/aime-cesaire-je-ne-suis-pas-pour-la-repentance-ou-les-reparations_817538.html>. Acesso em 11 mar. 2024. (N.A.)

CÉSAIRE E A ESCRAVIDÃO

Quando surge pela primeira vez na França um debate público quanto às marcas contemporâneas da escravidão e do colonialismo, os textos de Césaire elaboram uma genealogia do pensamento, frequentemente esquecida nas conversas atuais. Os atores desse debate – associados, políticos, intelectuais, jornalistas – interrogam-se sobre as razões pelas quais a França demorou tanto tempo para levar em consideração esses capítulos de sua história. As diferentes respostas dadas a essas questões são importantes pois revelam o comprometimento de cada grupo, os desafios colocados e a maneira como a relação entre democracia e diferença é posta.[77] Mas, sobretudo, o que domina nas respostas apresentadas é a percepção de um silêncio organizado,

---

77 Para uma discussão sobre esses problemas, ver F. Vergès, "Les troubles de la mémoire: traite négrière, esclavage et écriture de l'histoire" [Os problemas de memória: tráfico negreiro, escravidão e escrita da história], *Cahiers d'Études Africaines*, v. 45, n. 3-4, dez. 2005, p. 1.143-1.178.

de uma verdade voluntariamente dissimulada. É verdade que a escola pública não deu, em seu programa de ensino, um lugar central ao assunto do tráfico negreiro e da escravidão:[78] mas movimentos pela inserção dessa história já existem há várias décadas nos quatro departamentos,[79] essas antigas colônias francesas que conheceram a escravidão, Guadalupe, Guiana, Martinica, Reunião. Desde 1983, as datas respectivas da abolição da escravidão são feriados festivos; livros históricos são lançados, e a lei de maio de 2001, votada por unanimidade, qualificou o tráfico negreiro e a escravidão como crimes contra a humanidade. Césaire não cessou de dar à escravidão um lugar central em seus escritos. Nada disso foi suficiente para acalmar as frustrações da comunidade negra, e é possível analisar o motivo de existir essa percepção do silêncio como um complô do silêncio, antes de voltar às palavras de Césaire.

A presença marginal da escravidão remete a um ponto cego no pensamento francês. Ponto cego, pois como conciliar uma narrativa que remete a escravidão

---

78 Ver sobre esse ponto a análise detalhada dos programas e manuais escolares no relatório do Comitê pela Memória da Escravidão, intitulado *Mémoires de la traite négrière, de l'esclavage et de leurs abolitions* [Memórias do tráfico negreiro, da escravidão e de suas abolições], Paris: la Découverte, 2005. (N.A)

79 Decreto, *JO*, n. 83-1.003, 23 nov. 1983, p. 3.407.

à pré-modernidade, ao atraso *com* a realidade da modernidade da escravidão, ou seja, a concomitância desse sistema com progresso na ordem jurídica, filosófica, política, cultural e econômica? Ponto cego, pois para estudá-la não seria preciso voltar ao projeto imperial/colonial e a pensar na sua relação com a nação e, por conseguinte, considerar o lugar da "raça" no cerne da nação? Ponto cego, pois não seria preciso revisar a epopeia abolicionista? É preciso lembrar que a abolição da escravidão, em 1848, não constitui um momento fundador para as colônias, ou seja, que ela não tem valor nem de ruptura, nem de fundação. Sua incapacidade de transformar as profundas desigualdades econômicas e sociais, de conseguir organizar uma verdadeira resposta ao racismo colonial, de promover um debate sobre a dependência desses territórios em relação à França faz da abolição um momento ambíguo, ao mesmo tempo data importante e promessa não mantida. A abolição se torna, no mito nacional, aquilo que a França teria *dado* ao mundo dos escravizados.

A marginalidade dessas questões deve ser abordada; trata-se de compreender suas causas e modalidades. Não é útil demorarmo-nos na condenação da França, falar em "culpa". Situar-se no mero terreno da culpa – sem sequer justificar por que essa noção, cuja história é intimamente ligada ao pensamento cristão ou ao proscênio do tribunal, seria mais adequada para acalmar as tensões – leva a um impasse político.

No mito nacional, a França escolheu até aqui enfatizar o abolicionismo, passando a borracha no que o precedeu e no que o seguiu, ao mesmo tempo. A abolição está inscrita, mas esvaziada de sentido. Ela não pertence às grandes narrativas que constroem a identidade da França, aquela dos historiadores do fim do século XIX. As narrativas sobre 1848 indicam o decreto de abolição, mas como um exemplo entre mil da grandeza da República. Ninguém saberá nada da realidade social em vigor nas colônias.

Em seu discurso na Sorbonne, em 27 de abril de 1948, Césaire sublinha o quanto o decreto da abolição passou quase desapercebido na França.[80] Ele recorda que o século XIX é o mesmo de Hugo, Balzac e Stendhal, ou seja, um grande século para a literatura e o pensamento francês, mas que, nesse "mesmo tempo, a violência pilha a África."[81] É verdade que o decreto de 1848 "era o passado reparado, o futuro preparado, era o reconhecimento do negro, até então animal de

---

80 A. Césaire, *Victor Schœlcher et l'abolition de l'esclavage* [Victor Schœlcher e abolição da escravidão], 2004, p. 65.

81 Ibid.

carga na família humana".[82] Mas a obra de Schœlcher deve ser olhada "de um ponto de vista não histórico, mas crítico [...] ao mesmo tempo imenso e insuficiente".[83] Pois "o racismo está lá. Não está morto. Na Europa, ele espera de novo sua hora, espreitando o cansaço e as decepções dos povos. Na África ele está presente, ativo, nocivo, opondo muçulmanos e cristãos, judeus e árabes, brancos e negros, falseando radicalmente o angustiante problema do contato das civilizações".[84] O apreço de Césaire por Schœlcher não o cega. Ele enxerga nesse humanista universalista uma supervalorização da civilização europeia, um paternalismo europeu.[85] A escravidão havia sido na França "um corpo de doutrina, um sistema, uma propaganda, uma maneira de pensar, uma maneira de sentir e uma fé, tudo junto..."[86] Também, apesar dos seus princípios, a "República hesitou" em abolir a escravidão, e o discurso paternalista abolicionista pregou "concordância e paciência" depois da abolição. A República se acomodou em restringir os direitos políticos, pois "os negros são

---

82 Ibid., p. 73.

83 Ibid., p. 75.

84 Ibid., p. 70.

85 Discurso de 21 de julho de 1951, em Fort-de-France, in A. Césaire, op. cit., p. 86.

86 Ibid., p. 19.

grandes crianças, tão pouco capazes de conhecer seus direitos quanto seus deveres".[87] Como se vê, Césaire está longe de professar uma admiração beata por Schœlcher e pelo abolicionismo republicano. Ele permanece marcado pela educação que recebeu antes da Segunda Guerra Mundial, educação ainda fortemente impregnada daquilo que seria chamado bem mais tarde de eurocentrismo. Entretanto, ele questiona o universalismo abstrato da Europa e percebe na figura do escravizado e na realização contrariada da abolição da escravidão as raízes de uma relação ambivalente com os descendentes de escravizados.

As observações de Césaire em 1948 constituem um ponto de partida para essa reflexão renovada que queremos hoje sobre a escravidão. Césaire já compreendeu que existem várias memórias e várias narrativas e que a da abolição de 1848 não esgota a longa história da escravidão. Ela não constitui tampouco seu encerramento, pois nas representações permanecem marcas que têm incidências concretas na vida cotidiana, mais de um século após sua abolição.

Césaire é esquecido pelas gerações atuais, que afirmam que ninguém ousou ainda denunciar a escravidão.

---

87 Ibid., p. 41.

Essa ignorância alimenta a convicção de que houve a hegemonia do silêncio, que por sua vez teria colonizado todo o espaço do conhecimento. Elikia M'Bokolo deplora essa atitude para com os "fundadores" e a "leitura dos textos, o trabalho sobre os textos que permite dizer: ele afirmou isto e aquilo, se o recuso, é por tal ou qual razão, mas guardo isto para ultrapassá-lo".[88] O limitado conhecimento dos escritos de Césaire permite atalhos simplistas. Assim, no site www.grioo.com, Césaire é associado a uma posição reacionária:

> Em seu tempo, os intelectuais negros, como Aimé Césaire, Léopold Sédar Senghor ou Alioune Diop, tentavam garantir a valorização do Negro falando de negritude.[89] Mas essa filosofia pecava por seu

---

88 E. M'Bokolo, "Césaire, penseur politique" [Césaire, pensador político], in *Césaire et nous: une rencontre entre l'Afrique et les Amériques au XXIe siècle* [Césaire e nós: um encontro entre a África e as Américas no século XXI], Bamako: Cauris, 2004, p. 101.

89 O termo *negritude* representa um conjunto de valores culturais e espirituais próprios a pessoas negras e por elas revindicados; tomada de consciência de pertencimento a essa cultura. Deve-se essa retomada do termo *negro*, antes usado de forma pejorativa, principalmente a Léopold Sédar Senghor, Aimé Césaire e Alioune Diop. (Definição do termo "négritude" pelo dicionário Larousse.) (N.R.T) Negritude é o nome do movimento levado a cabo pelos jovens estudantes na Paris dos anos 1930, em especial: Léon Gontran Damas, Léopold Sédar Senghor, Aimé Césaire e Suzanne Césaire. O termo foi usado pela primeira vez por Aimé Césaire em um famoso texto de 1935 intitulado "Negrarias: juventude negra e assimilação", publicado no jornal *L'Étudiant Noir*. Para Léopold Sédar Senghor, negritude seria "o conjunto de valores de civilização do povo negro". Aimé Césai-

caráter reacionário e folclórico, nesse sentido ela acabou por se tornar apenas o que o colono desejava que ela se tornasse.[90]

Ora, se Césaire denuncia sem parar os impasses do colonialismo e, logo, da assimilação conservadora, ele não cede à complacência que faria dos colonizados seres puros, sem conflitos e sem defeitos. É falso dizer que a filosofia de Césaire é reacionária, mas ela não permite fuga na fantasia de um futuro harmonioso.[91]

A "questão negra", tal como se coloca hoje, apoia-se sobre uma constatação: o tráfico e a escravidão ocupam uma posição marginal na narrativa nacional. Em seu relatório, o Comitê pela Memória da Escravidão (CPME) insiste nesse fato:

A história e a cultura [dos escravizados] são constitutivas de nossa história coletiva, como o são o

---

re diria ainda que a negritude seria um procedimento à maneira surrealista, de supressão das camadas superficiais de civilização e colonialidade, para se chegar ao "negro fundamental."

90 É. de Tayo, "Les défis des intellectuels africains de la diaspora" [Os desafios dos intelectuais africanos da diáspora], *Grioo*, 14 set. 2005. Disponível em <www.grioo.com/info5395.html>. Acesso em 11 mar. 2024.

91 Não faz sentido dizer que a filosofia de Césaire é reacionária, mas ela não permite escapismo no fetiche [*fantasme*] de um futuro harmonioso.

tráfico negreiro e a escravidão. Ora, a narrativa nacional não integra, ou integra muito pouco, essa narrativa de sofrimentos e resistências, de silêncios e de criações.

O comitê relembra igualmente que

A abolição da escravidão é [...] apresentada como um acontecimento do qual a República pode legitimamente se orgulhar. Mas a celebração da abolição quis até agora fazer esquecer a longa história do tráfico e da escravidão para insistir na ação de certos republicanos e marginalizar as resistências na França e entre os colonos em abolir esse comércio e esse sistema. Ele é seguido de uma oposição ainda atual das duas memórias: memória da escravidão e memória da abolição – a primeira, associada às sociedades provenientes da escravidão, a segunda geralmente à França metropolitana. Conscientes dessa oposição, os membros do CPME buscaram criar um terreno de encontro onde a memória da escravidão e a memória da abolição possam dialogar de maneira frutífera e em um espírito cidadão. É nesse terreno que uma memória partilhada poderá ser construída e que um trabalho histórico poderá ser desenvolvido.[92]

Césaire destacou o caráter ambivalente da abolição. Os libertos continuam colonizados; são os senhores que recebem uma compensação por sua "perda", enquanto as desigualdades sociais e econômicas perduram... Mas o trabalho sobre a história do tráfico negreiro e a escravidão não deve se limitar a acusações e a denúncias. É fácil condenar a escravidão, difícil é compreendê-la, pois como explicar que seres humanos justificam vender outros seres humanos que às vezes lhes são próximos? Rejeitar esse fato às margens da "civilização", chamá-lo de "barbárie" não dá explicações. Como esse comércio durou tanto tempo? O que ele colocou no lugar como alternativa, como técnicas, como discurso na Europa, na África, nas Américas, no oceano Índico para garantir que os recursos não se esgotariam? Como, apesar da brutalidade do sistema de *plantation*, os escravizados criaram culturas, línguas originais?

O debate que emergiu há vários anos retoma esses fatos; mas, quando o saber fica fragmentado e parcial,

---

92 Eu sou vice-presidente do CPME e relatora-geral do texto entregue ao primeiro-ministro. (N.A.)

os atalhos simplistas pululam. Entretanto, relendo os textos que exploram essas questões desde a descolonização, pode-se denunciar esses atalhos e dar ao debate, outra vez, uma dimensão ao mesmo tempo mais radical e mais complexa. Césaire, que repete incansavelmente que o tráfico e a escravidão são irreparáveis, não defende uma posição passiva e acuada. Ele diz querer viver com esse irreparável para melhor superá-lo.

O que se verifica nessa dificuldade, nessa indiferença em relação à escravidão e suas heranças, é a impossível integração do escravizado no pensamento moderno. O colonizado é uma figura da modernidade, o duplo monstruoso do homem moderno e civilizado, mas seu duplo mesmo assim. O escravizado pertenceria ao mundo pré-moderno, ele seria o que restou de um mundo bárbaro e atrasado e, como tal, não poderia pertencer à modernidade. Ora, o que mostram os debates sobre os direitos cívicos nos Estados Unidos ou no Brasil é a modernidade do escravizado como ator do debate moderno sobre a cidadania e a igualdade.

CÉSAIRE E O COLONIALISMO

Césaire fez política, diz ele, por acaso. "É mais por sorte que por vocação que me tornei um homem político. Digo isso com modéstia e orgulho."[93] Ele se tornou aquele que encarnou durante décadas, na Assembleia Nacional, o Partido Progressista Martinicano e o povo martinicano. É também associado à lei de 1946, chamada Lei de Departamentalização, que transforma as colônias do primeiro império colonial – Guadalupe, Guiana, Martinica e Reunião – em departamentos ultramarinos (DOM). Essas relíquias do império pré-revolucionário (essas terras são colonizadas desde o século XVII) e pré-republicano (portanto anteriores ao império colonial constituído a partir de 1830 e que cresce sob a Terceira República) conheceram o escravagismo, o sistema *plantation*, a servidão por contrato, o trabalho forçado e o colonialismo.

---

93 Entrevista para o *Le Monde*, 6 dez. 1981.

Quando começam os debates da Comissão dos Territórios Ultramarinos sobre o projeto de lei que tende à classificação como departamentos franceses de Guadalupe, da Martinica, da Reunião e da Guiana Francesa, duas posições se confrontam: uma é partidária da assimilação; a outra, da autonomia, mas nem um, nem outro desses termos adquiriram ainda o sentido que eles teriam dez anos mais tarde. Em 1946, "assimilação", declara Césaire, significa que os "territórios em questão são considerados prolongamento da França",[94] enquanto "autonomia" implica que os conselhos gerais continuem a se beneficiar de uma certa autonomia orçamentária. Ora, para Césaire e os movimentos anticolonialistas, os conselhos gerais, estando nas mãos dos grandes plantadores, persistiriam em privilegiar estes últimos se, tornados autônomos, não se submetessem à lei republicana. Para cada posição, entretanto, não há nenhuma dúvida de que a emancipação da ordem colonial passa pela transformação das colônias em departamentos. Relendo as declarações de uns e de outros, calcula-se

---

94   Arquivos da Assembleia Nacional Constituinte, Comissão dos Territórios Ultramarinos, 6 de março de 1946. Citado em F. Vergès (org.), *La loi du 19 mars 1946: les debats de l'Assemblée Constituante* [A Lei de 19 de março de 1946: os debates da assembleia constituinte], La Réunion: CCT, 1996, p. 44.

o quanto o vocabulário mudou, mas, voltando a mergulhar nos arquivos, verifica-se também o quanto o contexto era diferente e determinante. A assembleia diante da qual a lei foi discutida foi eleita no dia seguinte à liberação para dar uma nova constituição à França. Tudo gera debate: uma nova organização do governo, uma nova lei de imprensa, os atendimentos aos feridos de guerra, o retorno dos prisioneiros e dos sobreviventes dos campos de extermínio nazistas, o destino dos soldados do império colonial, a nacionalização do gás e da eletricidade. Nos jornais nacionais, fala-se do transporte do trigo da União Soviética, do desembarque das tropas francesas no Tonquim,[95] da implementação do processo de Nuremberg, dos processos dos colaboradores, mas principalmente dos víveres que faltam. Os jornalistas noticiam motins nos quais mulheres tomam de assalto os galpões onde ficam armazenados víveres, carvão e lenha, que estão cruelmente em falta. Nenhuma palavra sobre as colônias de onde os políticos reclamam por integração à "pátria francesa". Quase nada também sobre a Indochina, a Argélia ou a África Ocidental Francesa,

___
95 Denominação antiga da parte norte da Indochina (hoje Vietnã), então colônia francesa, conhecida localmente como Bắc Bộ. (N.T.)

todo esse império colonial que deu tantos soldados às tropas aliadas. A adoção da lei de 1946 encontra poucos ecos na imprensa francesa. *Le Figaro* e *L'Aurore* não falam dela, *L'Humanité* a assinala brevemente. A opinião está apaixonada pelo debate constitucional, mas permanece indiferente aos sobressaltos que agitam o império colonial. Mais graves são o desprezo e o racismo que reinam. Os soldados coloniais que protestam, pois esperam seu soldo e seu repatriamento, são ignorados, se não duramente reprimidos. Marius Moutet, ministro socialista do Ultramar, declara, em resposta às questões sobre o massacre dos fuzileiros do campo de Tyaroye, no Senegal, que era uma simples operação policial contra "soldados manipulados pelos alemães".[96]

A lei de 1946 não se inscreve como data política, e, entretanto, a demanda de igualdade que ela exprime coloca a questão da *alteridade*. Césaire repetirá mais tarde:

> De homens reconhecidos há séculos como cidadãos formais de um Estado, mas de uma cidadania marginal, como não compreender que sua primeira atitude seria não a de rejeitar a forma

---

96 Ibid., p. 11.

vazia de sua cidadania, mas a de transformá-la em cidadania plena e passar de uma cidadania mutilada a uma simples cidadania?[97]

Essa releitura da lei de 1946 se depreende da problemática dominante segundo a qual a descolonização se traduz na criação de um Estado-nação. A questão trazida pelas "velhas colônias" é a seguinte: "Vocês afirmaram o direito natural à igualdade através da afirmação de que 'todos os homens nascem livres e iguais em direito', que vocês sempre quiseram universal. Mas, além da manutenção de um estado de exceção nas suas colônias, vocês reconheceram formalmente, em 1848, nossa igualdade como cidadãos, sem reconhecê-la nos fatos. Então, se nós somos seus iguais, mas somos excluídos dos direitos que se ligam a esse estado, quem são vocês?" Em outros termos: qual é essa igualdade universal que só se aplicaria a alguns indivíduos? Qual seria a justificativa, senão de que a igualdade não é um princípio universal, mas sempre sujeito à exceção? A questão colocada em 1946 permanece muito contemporânea: é possível sermos iguais *e* diferentes, é preciso seguir a via definida pela doutrina nacionalista, isto é, constatar

---

97 Apud D. Guérin, *Les Antilles décolonisée*s [As Antilhas decolonizadas], 1956, p. 10.

que é impossível construir uma parceria caso dois territórios distintos não forem construídos? É a pergunta que jovens pesquisadoras/res, artistas e militantes fazem ainda hoje em dia à República, na ocasião do debate em torno da memória do tráfico negreiro e da escravidão, e em torno da memória colonial.

A lei de 1946 e sua aplicação quase impossível revelam novamente toda a dificuldade da República em unir igualdade e alteridade. A igualdade aparece como um princípio formal, pois, quando se trata de traduzi-la nos fatos, as dificuldades emergem. Aliás, não é sem importância sublinhar que a igualdade dos direitos sociais só será plenamente adquirida no fim dos anos 1990. Em seus debates, a comissão atualiza toda a ambiguidade do projeto colonial na saída da guerra. Trata-se de organizar a União Francesa, ou seja, de inventar uma organização que leve em conta, ao mesmo tempo, o princípio da igualdade, da imensa diversidade das populações colonizadas, dos lucros comerciais, das aspirações nacionais que emergem, do desejo da França de manter seu posto entre as grandes potências. Um tal projeto parece voltado para o impossível. Respeitar a diversidade nas colônias, talvez, mas então "como um camponês de Auvergne poderá entender que ele não tem o mesmo direito de um camponês de Cabília de ter uma escola conforme sua religião?"[98] A convicção existe segundo a qual o império colonial poderia ser transformado em uma entidade administrativa de cooperação política e econômica, e isso somente baseado em boa vontade. O preâmbulo do projeto da União Francesa afirmava, entretanto, que, se a união devia ser "livremente consentida" e seus membros deviam gozar de "todos os direitos e liberdades essenciais da pessoa humana", a França, "fiel à sua missão tradicional [guiaria] os povos pelos quais ela tomou a responsabilidade rumo à liberdade de se governar e rumo à administração democrática de seus próprios assuntos".[99] A generosidade da primeira afirmação era desmentida pela manutenção dos princípios da missão civilizatória e do lugar dado à França como guia natural de povos entretanto ditos "parceiros". A comissão distingue, porém, o futuro das colônias pós-escravagistas do resto das colônias (ligado ao projeto da União Francesa). Seus políticos querem permanecer na República Francesa. Se eles sustentam as demandas de autodeterminação dos outros

---

98 Jacques Bardoux, deputado do Grupo Camponês durante os trabalhos da comissão, em F. Vergès, op. cit., p. 20.

99 Ibid., p. 12.

povos colonizados, eles não concebem o fim do *status* colonial em suas sociedades para fora do âmbito da República, da *res publica*. A singularidade dos territórios ultramarinos foi levada em conta pelos governos, dizem, mas de maneira negativa: ela existe para justificar uma exceção que não busca compensar desigualdades de tratamento, mas as mantém. Césaire recorda, aliás, que "os regimes autoritários que se instalaram na França sempre pensaram que esses territórios deviam ser considerados 'terras de exceção'".[100] Seu relatório diante da Assembleia Nacional constituinte retoma os argumentos da esquerda anticolonialista que defende a assimilação junto à República através da aplicação plena e integral de suas leis. A assimilação deve "ser a regra; e a derrogação, a exceção", explica Césaire.[101] Nessas colônias, a população está sujeita "a todos os abusos de uma administração impiedosa", "entregue sem limites à avidez de um capitalismo sem consciência e de uma administração sem controle".[102] Césaire denuncia, em nome dos habitantes dessas colônias,

---

100 Ibid., p. 72.

101 Ibid., p. 77.

102 Ibid., p. 80.

os privilégios que a República concede aos grandes proprietários. Solicitada, a comissão das finanças e do orçamento insiste no preço a se pagar para assegurar a aplicação de uma tal lei. Essa departamentalização corre o risco de custar caro aos franceses no momento em que mais precisam de dinheiro para reconstruir seu país, insiste a comissão. Césaire se indigna que o princípio de igualdade seja examinado com base no bolso, apontando que dezenas de milhares de soldados vieram do império para contribuir com a liberação da França. Mas a colônia sempre foi alvo de amargas discussões orçamentárias. A França está dividida entre, de um lado, seu discurso de missão civilizatória, generosa e que, por princípio, não se contabiliza e, do outro, seus interesses econômicos, nos quais as regras da contabilidade se impõem. O que custam e o que fornecem essas colônias? Não se sabe muito bem. Isso nunca cessou de gerar debate. De um lado, a França seria rica por causa dessas colônias ou ex-colôr.ias; do outro, as populações desses últimos não parariam de se comportar como crianças mimadas e ingratas. Vários anos após o debate de 1946, um alto funcionário declara que colocar em prática a igualdade social para as populações dos futuros DOM ficaria caro, pois:

Seria preciso, para alcançar esse objetivo (igualdade de nível de vida), que a totalidade dos franceses consentissem em uma redução de 25% a 30% de seu nível de vida em proveito dos nossos compatriotas de ultramar [...]. Sendo assim, é preciso ter coragem de dizer que nós não estamos decididos a dar a assimilação dos níveis de vida. E uma vez que não queremos dar a igualdade em todos os direitos políticos com igualdade econômica e social, e que não podemos fazer isso, não adianta falar em assimilação.[103]

A igualdade social não foi um direito para o ex-colonizado, ela foi o resultado de lutas.

A lei que pôs fim ao estatuto colonial foi votada em 19 de março de 1946, mas foi rapidamente esvaziada de seu conteúdo. Quando sua proposição foi atacada com violência pelas direitas locais, estas se uniram e desenvolveram uma dimensão que não havia sido particularmente discutida em 1946: a dimensão cultural. A assimilação vai se tornar a palavra de ordem dos conservadores, que veem nela a ocasião sonhada para ne-

---

103 Declaração de M. P.-H. Teitgen, quanto à questão dos poderes especiais demandados por Guy Mollet, in D. Guérin, *Les Antilles décolonisées* [As Antilhas decolonizadas], 1956, p. 12. (N.A.)

gar a pluralidade cultural e religiosa dessas sociedades, bem como a especificidade de sua história, a da escravidão, da servidão por contrato e do colonialismo. Em suas mãos a assimilação se torna, por um lado, vontade de homogeneizar os indivíduos, de apagar os particularismos e, por outro, repressão das aspirações a traduzir essas singularidades em atos políticos que levem em conta atrasos estruturais. Desde 1948, os políticos dos DOM sublinham o atraso na aplicação da lei e, ao longo dos anos que se seguem, eles voltam incansavelmente às desigualdades que perduram. Pouco a pouco, seu vocabulário se faz mais preciso. Assim, em 1953, Raymond Vergès demanda um voto da Assembleia Nacional que "deixará claro quais são os políticos a favor ou contra as discriminações raciais".[104] As melhorias sociais são lentas, e as populações se sentem desprezadas, negligenciadas pelo governo central. A demanda de autonomia toma forma, e o partido de Césaire vai adotá-la. A autonomia seria a única via rumo a um desenvolvimento coerente de seu país, dizem os seus defensores. Para seus detratores, ela seria a via aberta para a separação em relação à França. É nesse terreno que os enfrenta-

---

104 Annales de l'Assemblée Nationale, Archives de l'Assemblée Nationale [Anais da Assembleia Nacional, Arquivos da Assembleia Nacional], sessão de 2 de julho de 1953.

mentos políticos vão acontecer entre o fim dos anos 1960 e os anos 1980, enfrentamentos muitas vezes violentos. Para os governos, o que causa o obstáculo ao desenvolvimento dos DOM é a natalidade: as mulheres desses países fariam filhos demais. A luta contra a demanda de autonomia e a manutenção dos auxílios sociais estão ligadas – a autonomia acabaria com os auxílios da França –, mas a manutenção das ajudas deve ser acompanhada de uma moralização sexual. A alternativa é claramente dita: departamentalização tal como os conservadores a entendem ou a miséria. Pierre Messmer, ministro de Estado encarregado dos departamentos e territórios ultramarinos, enuncia a alternativa nesses termos no dia 11 de junho de 1971:

> É preciso manter o *status* departamental se quiserem guardar essas grandes vantagens, e eu penso não somente nas vantagens materiais, mas também na salvaguarda das liberdades públicas. Tenho certeza de que qualquer outro regime levará ao desaparecimento dessas liberdades, seja à maneira cubana, seja à maneira haitiana.[105]

---

105 *Le Monde*, 11 jun. 1971, apud L. Kesteloot e B. Kotchy, *Comprendre Aimé Césaire: l'homme et l'œuvre* [Entender Aimé Césaire: o homem e a obra], 1993, p. 182.

E mais adiante o ministro acrescenta: "O mal-estar nasce primeiro da superpopulação." Embora Messmer diga que não cabe ao governo "dizer às mulheres para fazer ou não fazer filhos", duas políticas são postas em vigor, uma de contracepção agressiva (no momento em que na França a contracepção ainda é proibida), a outra de emigração com o BUMIDOM.[106] Dezenas de milhares de guadalupenses, guianenses, martinicanos e reunionenses são enviados para a França a partir dos anos 1960. Césaire falará em "genocídio de substituição". Para certos observadores, esses territórios continuavam sendo colônias, apesar de seu *status* de departamento, e um dos terrenos onde essa permanência é visível é o do ensino. É a opinião de Michel Leiris que eu cito aqui, porque ele era ligado a Aimé Césaire por uma longa e íntima amizade que só acabou com a morte do primeiro. Leiris, que falava da "paixão pela humanidade" de Césaire, declarará na ocasião de um processo contra dezoito jovens martinicanos, em 1963: "A França pratica uma política de assimilação cultural. O ensino é dado como se fosse para jovens franceses, sem levar em conta – ou sem levar muito em con-

---

106 Bureau pour le Développement des Migrations dans les Departements d'outre-mer [Escritório para o Desenvolvimento das Migrações nos Departamentos Ultramarinos]. (N. T.)

ta – condições locais e do passado local."[107] Leiris aceitara testemunhar no processo dos jovens da Organização da Juventude Anticolonialista da Martinica (OJAM), acusados de "complô contra a autoridade do Estado e de atentado contra a integridade do território", imputações que seriam usadas em todos os processos contra militantes dos DOM que tivessem contestado a política do Estado. No processo, Leiris insistiu na dimensão cultural da política colonial: "Antes de ensinar a história da França, é a história das Antilhas que se deveria ensinar ali a jovens martinicanos que, quase todos, são descendentes mais ou menos misturados dos escravizados africanos levados pelos navios negreiros."[108] Existe uma língua, a língua crioula, prossegue ele, que não é um dialeto como gostariam de fazer crer os docentes franceses. Leiris se une a Césaire nessa insistência no campo cultural como terreno de conflitos e de trocas, de afirmação cultural e de criatividade.

Césaire não parou de analisar o que significava nascer e viver numa terra criada pela colonização e onde havia grassado a escravidão, mas sempre quis entender as formas contemporâneas disso. Ele reconheceu não ter "nem sentimento de culpa, nem ternura parti-

---

107 D. Guérin e M. Leiris. "Les Antilles: Département ou colonie?" [As Antilhas: Departamento ou colônia?], *Aletheia*, n. 3, maio 1964, p. 183.

108 Ibid., p. 185.

dária" por seu papel na adoção da lei de 1946, pois ele claramente advertira que cedo ou tarde ela encontraria os seus limites, por não ter sido levada em conta a dimensão cultural. A Europa é "indefensável", escrevia ele nas primeiras páginas do *Discurso sobre o colonialismo*, esse texto que merecia ser relido quando o novo revisionismo colonial se instala.[109] Para estudar os contornos da cultura, da identidade, do novo humanismo do qual ele falava, era preciso primeiro estudar as devastações do colonialismo para o colonizado *e* para o colonizador. Devastações para o colonizador também, pois "a colonização trabalha para descivilizá-lo, para embrutecê-lo no próprio sentido da palavra, para degradá-lo, para despertá-lo aos seus instintos esquecidos, à cobiça, ao ódio racial, ao relativismo moral".[110] Contar as pontes e as estradas, como se faz de novo hoje em dia nas apologias ao colonialismo, não serve para mascarar a mesquinhez do mundo colonial, descrita até por escritores coloniais.[111] O *Discurso sobre o colonialismo*, texto ainda marcado fortemente pelo hegelianismo marxista, é um disparo

---

109 A. Césaire. *Discours sur le colonialisme*, 2000, p. 7. [Ed. bras.: *Discurso sobre o colonialismo*, 2020.]

110 Ibid., p. 11.

111 Ver ainda exemplos na obra recente de J. Weber (org.), *Literatture et histoire coloniale* [Literatura e história coloniais], Paris: Les Indes Savantes, 2005. (N.A.)

virulento contra a destruição, a brutalidade, a violência inevitavelmente produzidas por toda forma de colonialismo e, com isso, relembra o impasse desse projeto.

O não cumprimento da lei de 1946 remete ao cerne obscuro da democracia, o que ela esconde, mas que a desmascara: a noção de raça. É esse impasse teórico, no qual se encontra um pensamento francês que tem dificuldades de dar "direito de cidade" aos saberes produzidos pelos povos antigamente dominados, que fez obstáculo, em 1946, a uma demanda de democratização. Mas mais ainda, é preciso notar o quanto esse episódio permanece ignorado, lançado à margem pelos pesquisadores e pensadores. A história dos povos que se encontram na Assembleia Nacional Constituinte em 1946 não os insere na epopeia da descolonização tal como ela é escrita na França, no furor e no sangue, no exílio e na relegação. A guerra da Argélia é seu protótipo, e todos podem encontrar seu lugar: o intelectual engajado, o colono pobre, o colonizado faminto, o revoltado reprovado, uma República atacada em seus princípios, tudo isso numa dramaturgia ordenada, fonte infinita de reescrituras. Ora, os departamentos ultramarinos não exibem nenhuma dessas imagens românticas, mas sim políticos com ares comunistas, sindicatos que reclamam por igualdade dos direitos sociais, um vocabulário "republicano" etc.

A demanda de igualdade na República excluiu, paradoxalmente, essas populações da narrativa nacional, pois a escrita da história política é regida por regras precisas: tem de haver tribunos, heróis românticos, mortes brutais, cenas em que a República reencene sua legitimidade em atos trágicos. Assim, temos debates parlamentares sobre a fraude eleitoral, a igualdade dos salários, a falta de leite ou de cantinas nas escolas, a ausência de proteção social, de cuidados pré e pós-natais, entre outros. Falta glória. O capítulo da luta pela igualdade social no período pós-colonial não é marcado pelos grandes movimentos revolucionários. A narrativa de um compromisso, em que os principais atores tentam convencer os outros da justiça de suas posições, não possui o mesmo apelo sedutor que as histórias de heróis. A dignidade reencontrada sobre as ruínas de um colonialismo vencido oferece uma narrativa mais dramática que a narrativa de uma dignidade reivindicada a partir de discussões, compromissos e negociações. É evidente que eu não vou questionar outra vez os sofrimentos dos povos que lutam pela sua emancipação nacional, nem a legitimidade de sua demanda. O que sublinho é o *status* da narrativa. A organização hierárquica das narrativas de emancipação não é sem consequências teóricas. Não poderia haver competição das vítimas, não poderia haver uma hierarquia das narrativas.

Entretanto, isso é fazer uma leitura supérflua dos textos dessa geração, acusá-la de ter desejado assimilar-se, ou seja, fundir-se à identidade francesa. É porque o pensamento político francês tem dificuldades de pensar a autonomia das suas regiões diferentemente de seus equivalentes espanhóis, alemães ou ingleses, que funcionam assim sem que a unidade nacional se sinta automaticamente ameaçada – que o conteúdo da demanda de 1946, depois da demanda por autonomia, foi ignorado em favor de uma postura rígida escorada na questão do "*status*". É a forma que primou sobre o fundo: anexação à França ou separação, tal é a alternativa dentro da qual a França encerrou toda a discussão sobre uma revisão das relações entre ela e esses territórios. "Ninguém pedia para se tornar o outro, pediam para ser seu igual, e se dizia, no fim das contas, tornar-se cidadão francês, ora, isso comportaria um certo número de direitos, e um certo número de desigualdades desapareceriam",[112] explicava ainda Césaire em 1972. Essa dificuldade em pensar

---

112 A. Césaire, Conferência para a imprensa na Universidade de Laval, Quebec, 1972, in L. Kesteloot e B. Kotchy, *Comprendre Aimé Césaire: l'homme et l'œuvre* [Entender Aimé Césaire: o homem e a obra], 1993, p. 185.

a autonomia não foi monopólio dos conservadores. Na sua carta de demissão do Partido Comunista Francês a Maurice Thorez, Césaire fustigava os comunistas por:

> [...] seu assimilacionismo inveterado; seu chauvinismo inconsciente; sua convicção sofrivelmente primária – que eles partilham com os burgueses europeus – da superioridade onilateral do Ocidente; sua crença de que a evolução tal como se operou na Europa é a única possível; a única desejável; que esta é aquela pela qual o mundo inteiro deverá passar; para resumir, sua crença raramente confessada, mas real, na civilização com C maiúsculo; no progresso com P maiúsculo (é o que demonstra a sua hostilidade ao que eles chamam com desdém de 'relativismo cultural', todos os defeitos que, bem entendido, culminam no literatismo, que a propósito de tudo e de nada dogmatiza em nome do partido).[113]

"A gente queria uma associação, e não uma dominação. Azar dos políticos franceses se eles não concebem al-

---

113 Carta a Maurice Thorez, publicação do Partido Progressista Martinicano, s. d. (Arquivos do autor).

ternativa, se eles pedem para optar entre a sujeição e a separação", declarava ainda Césaire quase vinte anos mais tarde.[114] Bem no meio da ferida: a impossibilidade de pensar a relação fora desses dois extremos. A questão política está posta: a República pode ser diversa? Pode aceitar como igual aquelas e aqueles que ela colonizou? Césaire e seus amigos de 1946 queriam dissipar a opacidade que circundava a presença, na França, de cidadãos esquecidos, ignorados, porque eram descendentes de escravizados e de colonizados e, fazendo aparecer sua presença, revelar uma diversidade e uma alteridade que questionariam um nacionalismo étnico-racial. Ora, qualquer discussão sobre raça e racismo na França deveria levar em conta a relação entre igualdade e hierarquia racial herdada do tráfico negreiro, política e cultura, dominação racial e desejo racial e, ao fim, retomar a história desses territórios. Se às vezes se trata de raça quando se analisa o império colonial, é chocante constatar que a maioria dos trabalhos nunca fazem aparecer a figura do escravizado. Na maioria dos estudos sobre o racismo, é o colonizado a figura central. Ora, o escravizado é para sempre racializado no imaginário

---

114 A. Césaire, Conferência de imprensa na Universidade de Laval, in L. Kesteloot e B. Kotchy, op. cit., p. 189.

europeu: ser escravizado é ser negro, e ser negro é ser destinado à escravidão; a abolição da escravidão não pôs fim à equivalência: Negro = escravizado. O liberto de 1848 é um cidadão colonizado, submisso a um âmbito legislativo de exceção (os *senatus consulte*). A concepção republicana da cidadania é universal, pois ela exige o desaparecimento dos particularismos, mas essa universalidade é fundada na ideia de razão, marcada pela ideologia racial que afirma que alguns seres humanos são mais dotados de razão que outros. Alguns seriam *mais cidadãos que outros*. Os colonizados sempre destacaram essa contradição.

Para toda uma geração, entretanto, 1946 ficou sendo um evento vergonhoso. Para Raphaël Confiant, essa lei pesa como um "pecado original" sobre as Antilhas.[115] Em sua análise, desenvolvida por um "filho que pensa ter sido traído por seus pais e, para começar, pelo primeiro entre eles, Aimé Césaire" – e na qual se nota a ausência total das mulheres –, a censura é acompanhada de uma aceitação e de uma frustração: as de ter que viver em um país sempre submisso a uma lógica determinada de fora, sobre a qual se tem pouca alternativa. Qual-

---

115 R. Confiant, *Aimé Césaire: une traversée paradoxale du siècle* [Aimé Césaire: uma travessia paradoxal do século], Paris: Stock, 1994, p. 32.

quer pessoa que tenha vivido em um DOM pode compreender essa frustração. Brigamos com frequência contra os limites do universalismo francês; gastamos uma energia terrível para explicar que não queremos cair no comunitarismo, pois historicamente já sofremos com ele nas colônias (com efeito, um dos primeiros exemplos desse fenômeno é o *comunitarismo colonial*, o dos "Brancos" que não querem saber nada da sociedade em seu entorno e vivem entre eles, de maneira fechada), mas, sim, que tentamos fazer uma história e uma cultura ser inscrita e reconhecida. Voltar para a relação entre igualdade e alteridade, para a cultura do medo de sermos "largados" pela França, mantida e brandida regularmente durante décadas, permite apontar outras vias de análise além dessa do pesar. É preciso saber devolver ao debate que organiza as relações entre a França e essas terras toda a sua dimensão política.

A ATUALIDADE DE CÉSAIRE

Reler Césaire hoje em dia é, portanto, fazer um trabalho de genealogia. Seus textos anunciam o debate lançado de novo há alguns anos em prol de um mundo mais justo e sem racismos, que faz eco às demandas e análises das e dos jovens da Paris negra dos anos 1930 que ele conheceu.[116] É também retomar a noção de "raça" e seu papel no pensamento francês e, e, por meio dessa retomada, voltar a pensar o lugar do "negro". O universalismo republicano francês rejeita violentamente qualquer tentativa de "distinguir" grupos por sua origem étnica e cultural. Esse universalismo se quer generoso por sua recusa mesmo em reconhecer o que diferencia. Assim,

---

116 Cf. P. Blanchard, É. Deroo e G. Manceron (orgs.), *Paris noir* [Paris Negra], Paris: Hazan, 2001; P. Dewitte, *Les mouvements nègres en France pendant l'entre-deux guerres* [Os movimentos negros na França entre as duas guerras], Paris: L'Haramattan, 1985. B. J. Rosette, *Black Paris: the african writers' landscape* [Paris negra: panorama de escritores africanos], Chicago: University of Illinois Press, 1998; T. Stovall, *Paris Noir: African-Americans in the city of light* [Paris negra: africo-americanos na cidade das luzes], Nova York: Houghton Mifflin, 1996.

cada pessoa seria neutra, portanto, igual. A história, no entanto, é teimosa, ela sempre volta a lembrar que os princípios não bastam, que é preciso se esforçar mais na compreensão de como os indivíduos vivem juntos, o que os mantém unidos. Não é o indivíduo neutro que constrói com outros indivíduos neutros uma sociedade, mas os indivíduos que se constituem na e pela vida em sociedade. Numa sociedade em que os indivíduos foram constituídos como inferiores e, portanto, tratados como tal, afirmar que isso vai ao encontro de princípios beira o ridículo. Em 1955, dez anos após a lei da igualdade, seu amigo Michel Leiris constatava, falando da Martinica e de Guadalupe, que é uma "economia de tipo colonial que persiste". Leiris destacava que o trabalho do governo era o de "levar os martinicanos e os guadalupenses de cor, hoje cidadãos franceses, a uma igualdade *concreta* (ponto somente jurídico)".[117] Ele manifestava a questão do seguinte modo: "Encontrar sua via em uma posição de tal modo que não se pode nem

---

117 M. Leiris, *Contacts de civilisation en Martinique et en Guadeloupe* [Contatos de civilizações na Martinica e em Guadalupe], Paris: Gallimard/UNESCO, 1955, p. 10, sublinhado por Leiris. Leiris obtivera uma bolsa de estudos do Ministério da Educação Nacional na ocasião da celebração do centenário da Revolução de 1848. Ele permaneceu lá de 26 de julho a 13 de novembro de 1948 e encontrou Césaire e outros intelectuais. Seu objetivo, escrevia ele, era fazer "um exame crítico dos meios aplicados com vistas a integrar à vida da comunidade nacional os grupos humanos de origem não europeia estabelecidos nas Antilhas francesas." (p. 9)

aderir absolutamente à cultura difundida por uma metrópole distante (tanto em povoamento como em condições de vida muito diferentes), nem recorrer ao apoio de uma cultura de tradição antiga, que em algum nível seria cultura nacional, representa, evidentemente, um problema difícil."[118] Césaire o havia dito nos seguintes termos: "Há duas maneiras de se perder: por segregação maturada no particular ou por diluição no 'universal'."[119] Ele convocava à "força de inventar no lugar de seguir"[120] e afirmava sua "vontade de não confundir aliança e subordinação".[121] Tendo experimentado o paternalismo colonialista da esquerda e do comunismo francês, Césaire havia entendido que era preciso criar novas formas de relação. O que ele propunha para a literatura, um "uso pirata da língua", uma "pirataria",[122] pode ser aplicado ao político: emprego pirata das promessas de liberdade e de igualdade para libertá-las de

---

118 Ibid., p. 113.

119 A. Césaire, *Lettre à Maurice Thorez: discours à la Maison du Sport* [Cartas à Maurice Thorez: discurso na Maison du Sport], Fort-de-France: Parti Progressiste Martiniquais, c. 1956, p. 21 (arquivos do autor).

120 Ibid., p. 21.

121 Ibid., p. 15.

122 A. Césaire. "Et la voix disait pour la première fois: Moi, Nègre" [E a voz dizia pela primeira vez: Eu, Negro], *Le Progressiste*, 21 jul. 1978 (arquivos do autor).

sua herança etnicizante, proveniente da escravidão e do colonialismo.

Os pesquisadores, a exemplo de Paul Gilroy, reconhecem sua dívida para com Césaire, que de maneira eloquente analisou o modo como o colonialismo afetava a Europa em seu próprio cerne.[123] Quando Césaire evoca um "novo humanismo", não procura, como ele mesmo diz de modo irônico, "um novo catecismo". O que ele propõe é uma reflexão que não rejeite a história colonial à margem, mas, ao contrário, confronte-a, questione-a. Nas metrópoles europeias, ouvem-se novamente vozes que se preocupam com as demandas de igualdade e de reconhecimento das diferenças. O que é exigido é um "direito de cidade", uma Europa que aceite olhar para o "enrudecimento" que a habita e que é descrito por Césaire.

---

123 P. Gilroy, *After empire: melancholia or convivial culture?* [Depois do império: melancolia ou cultura convivial?], Londres: Routledge, 2004.

Este livro foi editado pela Bazar do Tempo na cidade de São Sebastião do Rio de Janeiro e impresso em papel pólen bold 80g/m² pela gráfica Rotaplan, em maio de 2024. Foram usadas as fontes Bitter, de Sol Matas e Maxi, criada pelo estúdio Dinamo Typefaces.